顾汝章秘传铁砂掌

阎　彬　主编

北京体育大学出版社

策划编辑　吴海燕
责任编辑　吴海燕
责任校对　文冰成
版式设计　博文宏图

图书在版编目（CIP）数据

顾汝章秘传铁砂掌/阎彬主编. --2版. --北京：北京体育大学出版社，2017.6（2019.7重印）
ISBN 978-7-5644-2617-0

Ⅰ.①顾…　Ⅱ.①阎…　Ⅲ.①少林拳-基本知识
Ⅳ.①G852.15

中国版本图书馆CIP数据核字（2017）第131387号

顾汝章秘传铁砂掌　　阎　彬　主编

出版发行：北京体育大学出版社
地　　址：北京市海淀区农大南路1号院2号楼B-421
邮　　编：100084
网　　址：http：//cbs.bsu.edu.cn
发 行 部：010-62989320
邮 购 部：北京体育大学出版社读者服务部010-62989432
印　　刷：北京昌联印刷有限公司
开　　本：710mm×1000mm　1/16
成品尺寸：240mm×170mm
印　　张：11.75
字　　数：196千字
版　　次：2012年8月第1版　2017年8月第2版
印　　次：2019年7月第2次印刷
定　　价：27.00元

编 委 会

主　编： 阎　彬

编委（排名不分先后）：

高　绅　殷建伟　余　鹤　高　飞　李贡群
范超强　赵义强　高　翔　邓方华　董国兴
赵爱民　黄守献　黄冠杰　黄婷婷　景海飞
王松峰　凌　召　潘祝超　谢静超　李　剑

顾汝章（1892—1952），江苏阜宁人，少林武术嫡传名家，顾派铁砂掌一代宗师。

顾汝章幼承家训，从小随父顾利之习武。顾利之，潭腿名家，擅技击，精暗器，曾设镖局于镇江。

父亲去世后，顾汝章拜严蕴齐为师，学习少林武术。

严蕴齐是嵩山派大师，精通少林绝技，尤擅枪术，在武林有“严大枪”美誉。

顾汝章跟师苦练十余年，悉得少林真技诸秘，尤擅铁砂掌，武林誉之为“铁掌顾汝章”。

顾汝章在南京中央国术馆举办的 1928 年全国首届国术比赛中，成绩出众，名列最优等。

1928 年，顾汝章与著名拳师万籁声、王少周、李先五、傅振嵩联袂南下广东传艺，这就是武林典故“五虎下江南”。

1928 年冬，李济深创办两广国术馆，万籁声任馆长，顾汝章任教官，传授北派武术。

顾汝章青年时代已誉满武林，但仍虚心向各派武林前辈请教。先从学于武当名家李景林。

又跟中央国术馆高手于振声学习查拳。

后随孙禄堂大师学习形意拳和八卦掌。

1929 年，顾汝章创立“广州国术社”，自任社长，主要传授自己的独门绝技“顾派铁砂掌”，南国武林首开北派功夫之花。

顾汝章还传播了古传十路少林拳、十路弹腿、梅花双刀、提拦枪、龙形剑、达摩剑、五虎擒羊棍、小金钟等一系列拳术，在南国留下了一笔不可估量的武术文化遗产。

顾汝章全无门户偏见，他在广州一边传播北派武功，一边研究南派武功，常与当地的南派拳师切磋交流。

顾汝章铁砂掌已臻化境，不少老广州亲眼见过他一掌下去，十余块青砖尽皆碎裂。

1931 年，顾汝章使用铁砂掌力劈俄国大力士烈马，其掌力之刚猛，令人叹为观止。这件振奋民族士气的武林旧事，至今还在流传。

目 录

第一章　概　论 …………………………………………………… (1)

第二章　铁砂掌秘功 …………………………………………… (5)

第三章　铁砂掌功力测试 ……………………………………… (26)

第四章　铁砂掌技击术 ………………………………………… (39)

第五章　少林连环掌 ………………………………………… (101)

第六章　铁掌养生功 ………………………………………… (141)

第一章 概 论

顾派铁砂掌，练法独特，乃武林公认的少林真传掌功。功成后，轻易可以开砖断石，令敌胆寒。顾派铁砂掌的主要特点如下。

1. 自然行功，练养结合，内外兼修，不易伤身，没有弊害，功成后掌如常人，手不粗糙。

2. 练法层次分明，功效显著，练习几月，最快者不出百日，即可开砖断石。

3. 功法系统、完整，所练部位除掌心、掌背外，兼及指尖、掌根、掌侧各部，劲力亦练及拍、摔、劈、砸、啄诸劲，更切临敌，更利实战。

第一节 练拳与练功的关系

拳谚云："练拳不练功，到老一场空。"拳技是应用技术，功夫是应用的基本，有技术还有基本功夫相辅，充其实力，方可制敌，否则流入花拳绣腿，出手不能制敌，徒具空架。故古今名师，拳功并重，不敢偏废。

功夫有内外、软硬之分，无形、有形之别。

一、无形则内，以练气为主

所谓"内练一口气"，如少林的禅坐、武当的导引类。此均神秘而难学，非有名师言传身教、耳提面命不可得。

二、有形则外，以练劲为主

即所谓"外练筋骨皮"，如顾派铁砂掌、铁布衫类。功亦甚奇，能练至劲充全身，筋强骨健，皮坚内结，甚至刀枪不畏。

有形外功，又有软、硬二种。软功较硬功难练，所练之劲属阴，功成挥掌击人，外表无损，而内部受伤，其阴劲惊人，如少林的红砂手、一指禅，武当的绵掌功、朱砂掌等。硬功较软功易练，所练之劲属阳，阳劲伤人虽次于阴劲，然其劲力之烈，亦极惊人，且由于其行功易，流弊甚少，如能持之以恒，即使无名师，依法苦练，亦能成功，故习者众，如铁臂功、铁拳功等。

顾派铁砂掌，是外功硬中带软（即刚柔相济）的一种功夫，功深之日，亦含阴劲。1928 年，顾汝章大师于广州创办广州国术社，发扬国术。

1931 年，适有一俄国大力士，携“神马”于西瓜园卖艺，声言有能服其马者，赏金若干。所谓“神马”，指马戏团对于此马专门训练，使其熟知趋避反击之术。当时广州武师上场多人被该马踢伤。顾汝章义愤之下，登场应之，数分钟内，即一掌拍中马背，马悲号不已，翌日不食而死。该马由医生解剖后，发现外皮无损，而内脏俱裂，脊骨瘀黑。可见，顾汝章大师的掌功，已进阴劲，盖纯阳劲，虽骨折肉裂，但断无外表爆裂之样。

第二节　练功与年龄的关系

按常理而言，习武练功，只要能持之以恒，一定会有成功之日，所以没有年龄之限。

有者则属例外，如练内壮气功，则以童子身，年龄不超过 20 岁者为佳。因为青春年少，天真未破，胸中毫无杂念发生，且为纯阳之体，心专志一，气足神完，其成功易，自属意中事。而成人七情外感，六欲内蕴，外魔内邪，相迫来侵，如欲习内壮气功，自应首先排除邪魔，使其澄心宁神后方可。欲使其澄心宁神，则耗费光阴，况练功之后，又难免其不生杂念，故成人不宜习内功。

而操练外壮硬功成人最宜，童子反而不适。因为成人发育已全，即使苦练硬功，亦很少影响发育。古人云：凡人有气即有力，有力即能练功，即指此。但成人若多病体弱者，亦不宜习外功，以免加累伤身。

第三节 练功“三要”

行功练掌，首先要知三项要务，否则他日掌功虽成，亦有流弊。此“三要”者，即渐进、恒心、节欲。

一、渐进

凡平素不曾习练过武术的人，其全身的脉络、筋骨，即使不怎么呆滞，也绝不会十分灵活，与曾习练过武术的人比较，自有天壤之别。此等人如欲练拳行功，务须由渐而入，始可逐步练去，而使其经络、筋骨，随之而渐趋灵活。若入手时，不知渐进，即遽然猛练，死用蛮劲，结果必蒙其害，轻则筋络弛张失调，血气壅积，而成种种暗伤，重则脏腑受震过度，发生裂损之患，而危及生命。每见少年盛气之辈，学习武功，罹残疾痨伤等症，甚之因而夭折者，世人皆归咎于武功不良，实则非武功之咎，全因习者不知渐进而致。

昔有一人，自看杂志效法铁砂掌，书中介绍极为简略，习者只知施蛮力，不识运劲放松轻拍，渐进求功，而是全身鼓气，猛拍沙袋。一二月后，试劈已能断砖，自信练法正确，信心倍增，加倍用功猛练，孰料因用劲不当，而伤及心脏，得心脏衰弱症（因为十指连心，手指经络与心脏相系，手指伤极易祸及心脏），只得求医遵嘱停止激烈运动，治疗年余。

二、恒心

知道渐进的重要性后，还要得真传秘诀，更要有名师指点，然后长期坚持训练，方能有成。若能持之以恒，无论其所练者为外功、为内功，则三年小成，十年大成。

三、节欲

渐进、恒心之外，更有一事为行功最要，也是最不易者，即节欲。情欲，是人之本性，其本身有益人生，但是，如果不知节制，则其祸害不下于洪水猛兽。尤其是习武锻炼之人，气血充足，精力旺盛，见色更易冲动，受其诱惑最难把持。

就是平常之人，尚宜以清心节欲为摄生之要务，而练武行功者与此事更甚。因不知节欲，足以耗人精血，散人神气，而羸弱其身体，与练武功之专结精血神气之目的相悖，故要适之。

第四节　铁砂掌的派别与练法

铁砂掌，因习者本身修养不同，所行之法门及经验大异，这是形成铁砂掌派别的主因。

综观中国武林各大拳种流派，习铁砂掌者各家传授虽异，但不出直接行功法和间接行功法两派。

一、直接行功者

其法：置一大桶，内放铁砂十数斤。练时，蹲马步于桶旁，十指挺直，施劲向下插，以一插到底为佳。到底之后，再施指劲向上抄。抄上后，再运掌劲拍下。如此为一组动作。初习每手以不越 3 组动作为宜。行功后，用药物洗浸手掌。如是每日定时早午晚行功，不断苦练即可。此法功成之后，手掌极粗，一望便知为硬功。

二、间接行功者

其法：与上法大异。用白帆布二层，缝制一长圆形袋，长约 3 尺（1 尺≈33.33 厘米），宽约 2 尺，内装特制铁砂。练时将布袋悬于厅中，先用掌心拍，次用掌背摔，如此一反一正摔拍，为一组动作。初习每手以不超 8 组动作为佳。行功之后，用药物洗浸手掌。如是每日定时早午晚行功。此法所练之掌，无粗糙之征。虽为行家，如不细察，亦难发觉其功力。此亦属外功，但较直接行功法为上乘。

本书所写内容即为间接行功法，此法具有独特、完整、绝妙之处。

第二章 铁砂掌秘功

顾派铁砂掌，武林公认之少林真传掌功：配制沙袋，以拍、摔、劈、砸、啄五形击打，手法完备，且发劲独特，顺应重力，不用蛮劲，并酌加药功，融汇内功，练养结合，内外兼修。功成后，不但可以轻易开砖断石，勇猛超强，令敌难挡，而且掌不粗糙，手指灵活，令人难测。

外壮练功之法，本违自然之理，要从不自然中求自然之道。以顾派铁砂掌言，掌指的筋骨皮肉，与铁砂相击，其不皮破血流者很少，行功之际，若不假以药物之助，亦足碍及血液的流行，而发生青紫肿痛等事；行之过重，则使手掌部的血液堵塞，而妨害臂部的活动，甚至伤及内脏。前人为防止此等患害，于行功之前，先用真传正方药物洗浸其手，经过一定时刻之后，待药力达于筋肉之内，加以保护，而增进其抵抗的能力。然使用药物，实对专业武术家而设。今人练习本功，不用药也可，但练功要慢，练时要短，缓缓从事，不借药力，功到自然成，万万不可求速，以防受伤！

第一节 沙袋填制法

一、沙袋的制作

用细帆布缝制一个长宽适宜的方布袋，具体大小依个人手掌而定，要求在填充铁砂后其顶部平面比手掌大一些即可。

为了结实耐用，口袋可以缝成双层或三层，四边缝线，一般用缝纫机来回缝几遍，以确保牢固不崩口，在其中一边留下约 2 寸（1 寸≈3.33 厘米）的开口，以便装入铁砂。

二、铁砂的选用

铁砂以大小分为绿豆砂和米砂两种。练铁砂掌最好买绿豆砂。如果用钢珠代替铁砂也行，只是钢珠太光滑，在练掌的时候沙袋容易过度变形，反而不如摩擦力较大的土制铁砂效果好。

到杂货店买7.5～10千克铁砂，铁砂颗粒直径3毫米左右，多数呈不规则的圆形。铁砂买回后要用河沙拌，吸走上面的煤油（一般土法防锈用煤油），然后用细筛子筛出来，再用肥皂水浸洗数次，继分成几份放在铁锅里炒，最好是炒到红热，把铁砂倒入装有猪血的木盆中淬制，注意用木棍搅拌均匀，务必使所有铁砂都得到淬炼，反复七淬。

用猪血炮制铁砂，是为了降低铁砂中的毒性。凡七淬皆以新鲜猪血，猪血用一次即废弃不用。淬火之猪血不可加盐，免增猪血之硬脆度。

七淬后又要在土中埋49天，并每日在土上酌量喷淋盐水，皆为降低砂中毒性而施，或谓调和砂刚之性。

上为炮制铁砂古法，是当时专业武人的秘传。当然，现在练功者和古代武士的目的和追求不同，编者认为不必过于严格与过于讲究。

如练者受条件限制，不要强求用猪血炮制铁砂，或在沙袋中混装些伤科药物，或加厚沙袋布料，或初练时在沙袋上垫物，起到练功时隔毒防硬、保护手掌的作用即可，如此勤加练习照样能练出真功夫。

三、沙袋的填装

将淬制过的铁砂晒干或炒干，然后装入帆布袋，装的时候应根据口袋大小，不要装得太胀，以抓住口袋一角提起来，能看到装入的铁砂高度已达到七成左右即可。一般将沙袋平放凳上其高度为5～7厘米，然后用结实的线把袋口缝上，即做成了练顾派铁砂掌必备的器具。（图2－1）

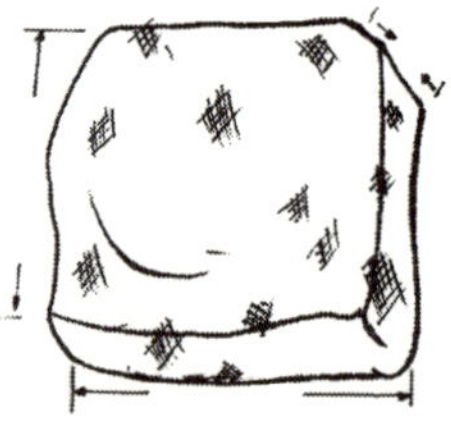

图2－1

将制好的沙袋平放于一牢固高凳上，凳高一般在1米左右，要视习练者身高而调整高度，过高过低对练功都有不良影响。

第二节　铁砂掌初级功

行功要择静处，以无人扰乱为宜，将沙袋平放于凳或椅面。（图2－2）

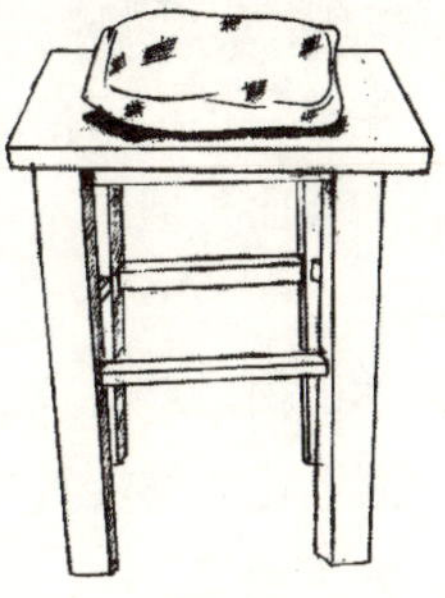

图2－2

前3个月练功时的操掌按图2－3所示姿势练习，尽量要求姿势正确，不可采用其他姿势。（图2－3）

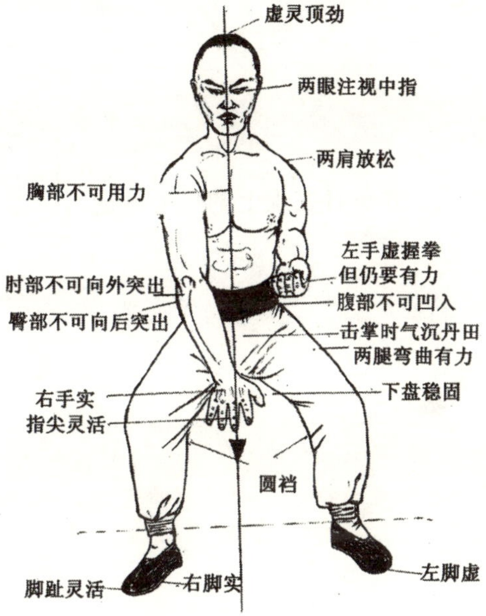

图2－3

一、拍法

蹲马步桩于凳前，两手抱腰，全身放松，平心静气，气沉丹田，凝神片刻，采用逆势呼吸，鼻吸鼻喷。

1. 吸气，同时，右手成掌，屈臂上提于右耳上侧，掌心向下。（图2－4）

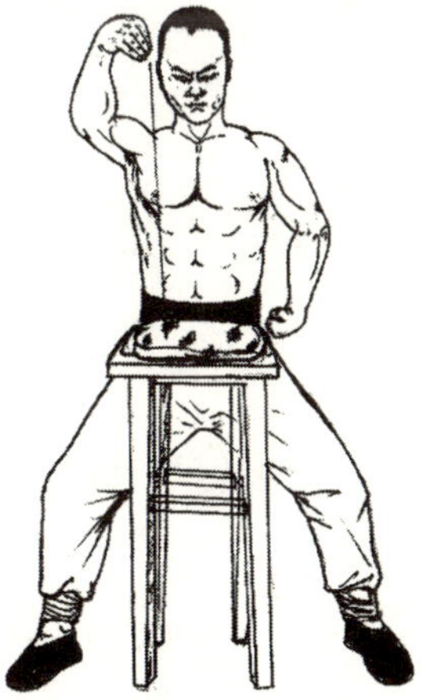

图2－4

2. 喷气，同时，右掌掌根向下拍击沙袋。（图2－5）

注意，拍击下落时好像悬挂于空中的石块，当绳索折断时，加速落下打在铁沙袋的表面，但绝不可用臂力使掌下拍。以下各式均与此相同，在后面各式中不再赘述。

掌部拍击最适宜的部位，即图示中的阴影部分。（图2－6）

照上述右掌反复拍击49次（可根据体质自定次数，以渐进为则），换左掌练习，方法相同。

图2－5

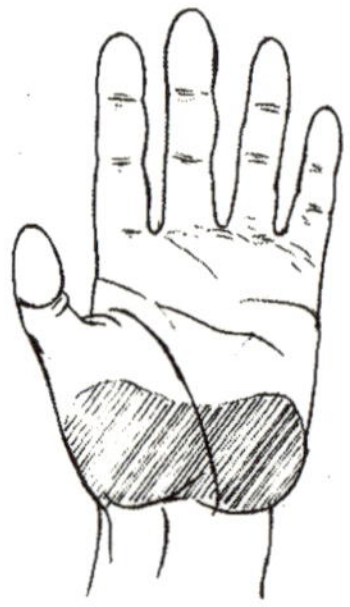

图2－6

二、摔法

拍完，原站立姿势不变。

1. 吸气，同时，右掌上提于右耳旁，掌心向后，掌指向左下。（图2－7）

2. 喷气，同时，右掌掌背向下摔打在铁沙袋的表面上，掌心向上，掌指向前。（图2－8）

用力要领与“拍法”同。掌部摔击最适宜的部位，即图示中的阴影部分。（图2－9）

照上所述，右掌反复摔打49次后，换左手练习，方法相同。

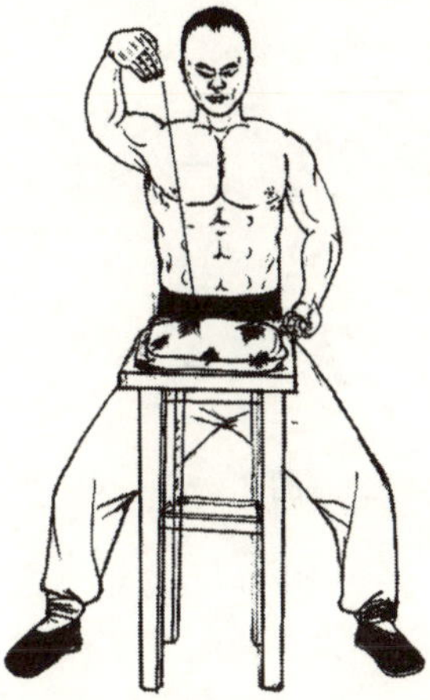
图 2－7

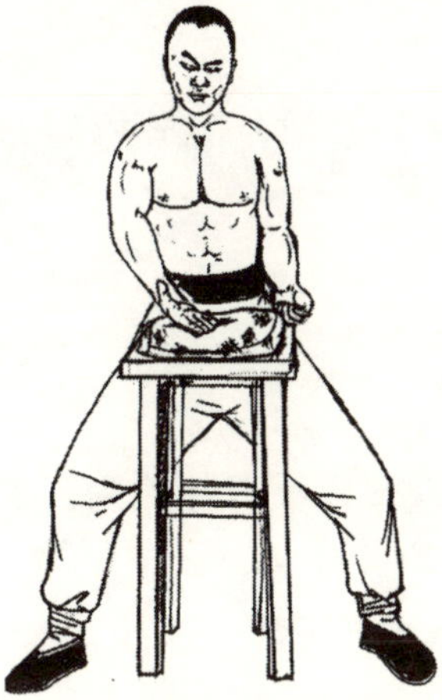
图 2－8

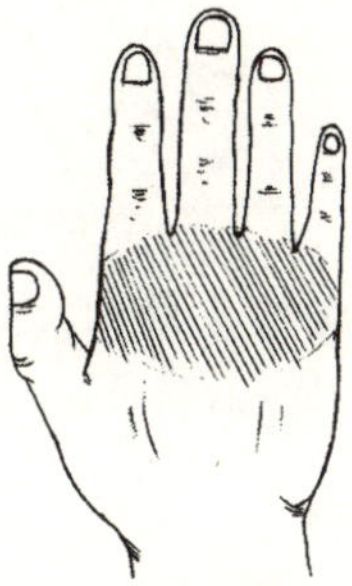
图 2－9

三、劈法

摔完，原站立姿势不变。

1. 吸气，同时，右掌屈臂提起于右耳上侧方，掌心向左，拇指侧向上。（图 2－10）

2. 喷气，同时，用右掌小指侧掌棱向下劈击铁沙袋，掌心向左，掌指向前。（图 2－11）

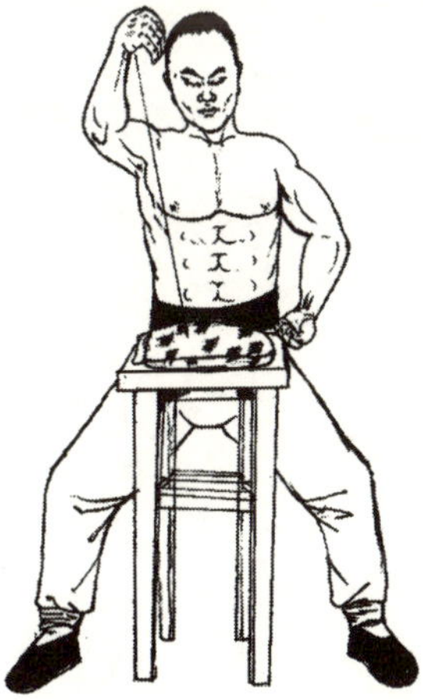
图 2－10

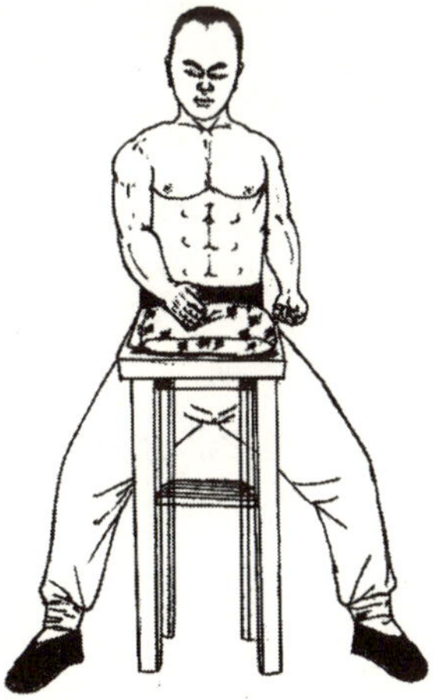
图 2－11

用力要领与“拍法”同。掌部劈击最适宜的部位，即图示中的阴影部分。(图2－12)

照上所述，右掌反复劈击49次后，换左手练习，方法相同。

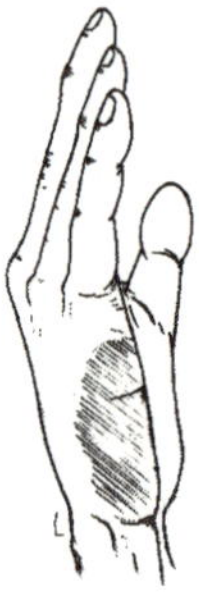

图2－12

四、砸法

劈完，原站立姿势不变。

1. 吸气，同时，右掌屈臂上提于右耳侧旁，掌心向后，掌指斜向左下。(图2－13)

2. 喷气，同时，右掌以掌根向下砸击铁沙袋，手前掌的掌指翘起，掌心微向左，掌指向前。(图2－14)

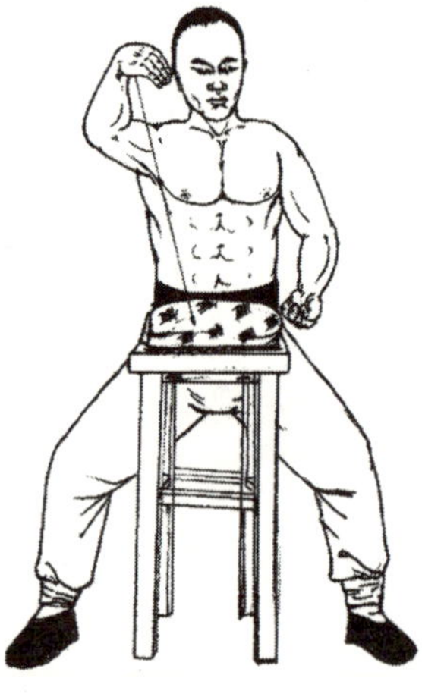

图2－13

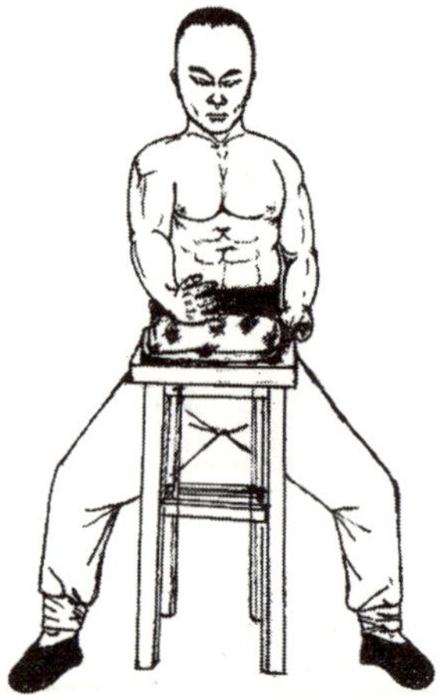

图2－14

用力要领与“拍法”同。掌部砸击最适宜的部位，即图示中的阴影部分。(图2－15)

照上所述，右掌反复砸击49次后，换左手练习，方法相同。

图2－15

五、啄法

砸完，原站立姿势不变。

1. 吸气，同时，右手五指捏为一撮成勾手，屈臂提起于右耳侧上方，指尖向下。（图 2－16）

2. 喷气，同时，右勾手以指尖像鸟啄物一般下击铁沙袋。（图 2－17）

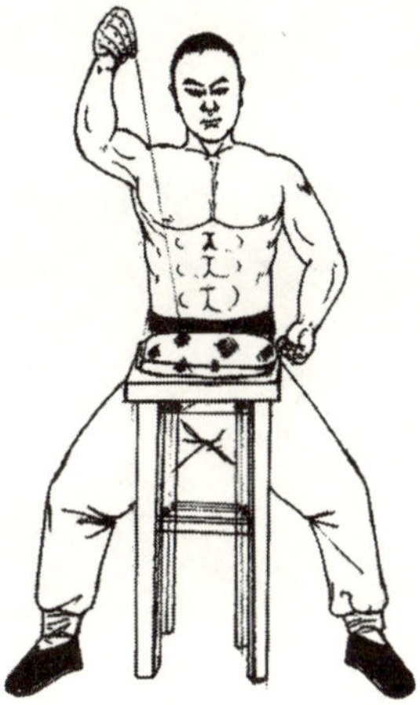

图 2－16

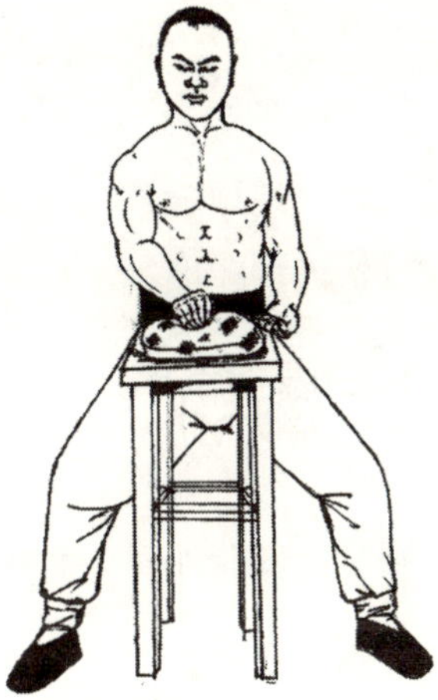

图 2－17

用力要领与“拍法”同。啄击最适宜的部位，即图示中的阴影部分。（图 2－18）

照上所述，右掌反复啄击 49 次后，换左手练习，方法相同。

以上五法，合而为一组动作。初习要量力，定时每日早、午、晚，或早、晚各行功一次，不可过多，多则伤气。每手每次行功，以不超 5 组动作最宜。

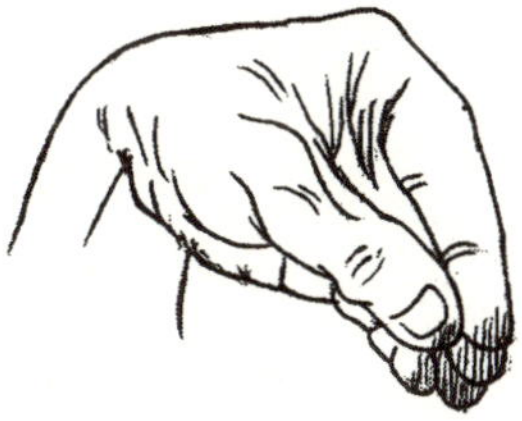

图 2－18

六、行功禁忌

（一）一忌开口行

力拍沙袋，尘烟四扬，开口吸之，极不卫生。行功之际，宜在沙袋上喷洒药酒，保持铁砂的湿度，即无灰尘，以免鼻吸。此外，隔日最好吃猪血一次，清洁肠胃。

（二）二忌施臂劲

行功练掌，纯用腕掌之劲行之，忌用臂力，应将臂膂放松，则劲自然贯注手掌，且无震伤内部之虑。

（三）三忌神不集

练掌行功，神不集注，则意不至，意不至，则气不行，气不行，则劲不贯，劲不贯，则掌功仅能外壮，非内外兼修之真传。

七、收功

行功完后，先用双掌心轻揉双膝，至热后，慢慢起立，凝神片刻，然后随便散步，同时摆撒两掌，轻摇两腿，以松筋骨，以顺气血，方无后患。

第三节　铁砂掌中级功

练习初级功 3 个月后，腰部能维持稳定并能自然挥掌的状态下，即可换成中级功练法姿势。按图 2－19 的姿势练习，乍看动作很简单，实际上则不然。因为在操掌时，脚、腿部必须成为弧形的马步，而且不可动摇，在稍微扭动腰部的情况下打击。从脚的基部开始，稍微有所动摇，便无法收到打击之效。

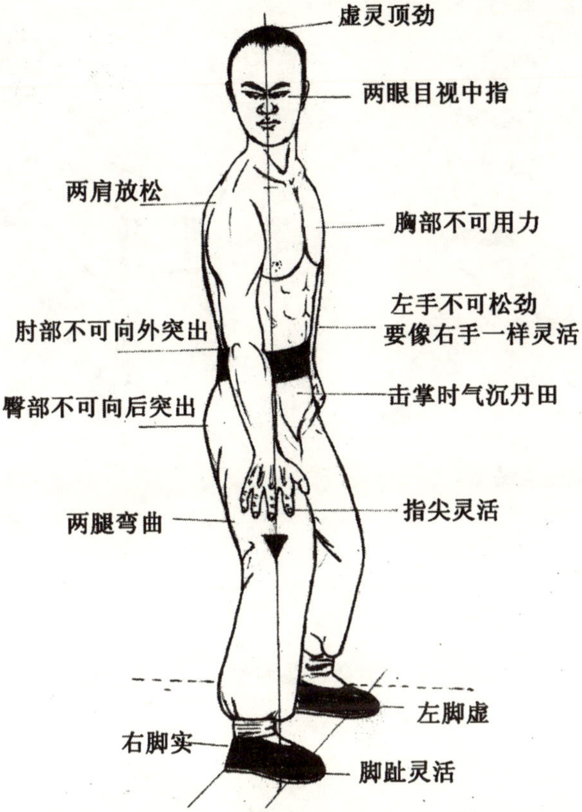

图 2－19

一、拍法

马步侧立于沙袋旁，沙袋在右侧，距离适宜，两拳抱于腰侧，拳心向上，采用逆式呼吸，鼻吸鼻喷。

1. 吸气，同时，右掌屈臂向上抬举于头右侧上方，掌指向上，掌心斜向上，头随举掌右转，两眼注视沙袋，左掌按于右胯前方，掌指向右，掌心向下，目视沙袋。（图 2－20）

2. 喷气，同时，用右掌掌面向下拍击沙袋，掌背向上，掌指向右，目视沙袋。（图 2－21）

照上述方法，右掌反复拍击 49 次后，换成左掌练习，方法相同。

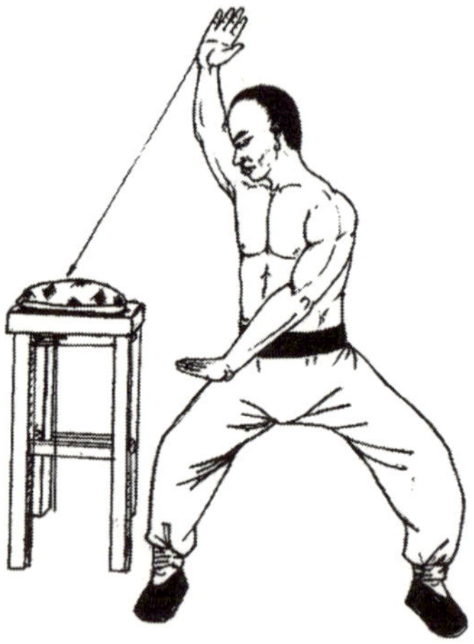

图2－20

图2－21

二、摔法

拍完，原站立姿势不变。

1. 吸气，同时，右掌屈臂向上抬举于头右侧上方，掌指斜向左上，掌心向左，头随举掌右转，二目注视沙袋，左掌按于右胯前方，掌指向右，掌心向下。(图2－22)

2. 喷气，同时，右掌以掌背向下摔打沙袋，掌心向上，掌指向右，目视沙袋。(图2－23)

照上述方法，右掌反复摔击49次后，换成左掌练习，方法相同。

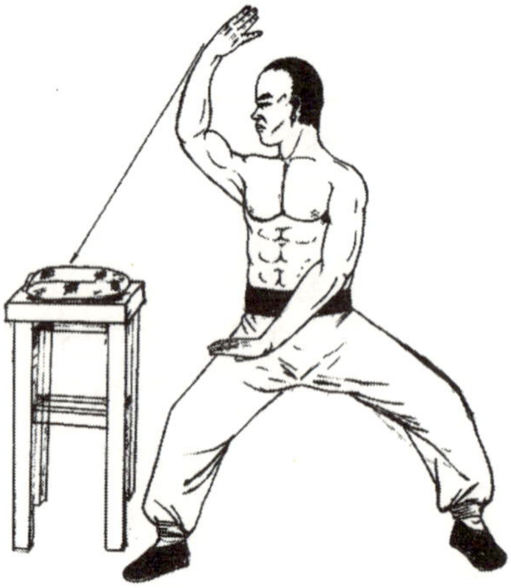

图2－22

图2－23

三、劈法

摔完，原站立姿势不变。

1. 吸气，同时，右掌屈臂向上抬举于头右侧上方，掌指向上，掌心向前，头随举掌右转，二目注视沙袋，左掌按于右胯前方，掌指向右，掌心向下。（图 2－24）

2. 喷气，同时，右掌以掌棱向下劈击沙袋，掌指向右，掌心向前，目视沙袋。（图 2－25）

照上述方法，右掌反复劈击 49 次后，换成左掌练习，方法相同。

图 2－24

图 2－25

四、砸法

劈完，原站立姿势不变。

1. 吸气，同时，右掌屈臂向上抬举于头右侧上方，掌指向上，掌心向前，头随之右转，二目注视沙袋，左掌按于右胯前方，掌指向右，掌心向下。（图 2－26）

2. 喷气，同时，右掌以掌根向下砸击沙袋，前掌、掌指翘起，掌指斜向右，掌心向前，目视沙袋。（图 2－27）

照上述方法，右掌反复砸击 49 次后，换成左掌练习，方法相同。

图 2－26

图 2－27

五、啄法

砸完，原站立姿势不变。

1. 吸气，同时，右手成勾手屈臂向上抬举于头右侧上方，指尖向前下，头随之右转，两眼注视沙袋，左掌按于右胯前方，掌指向右，掌心向下。（图 2－28）

2. 喷气，同时，右勾手以五指指尖向下啄击沙袋，掌心向下，目视沙袋。（图 2－29）

照上述方法，右掌反复啄击 49 次后，换成左掌练习，方法相同。

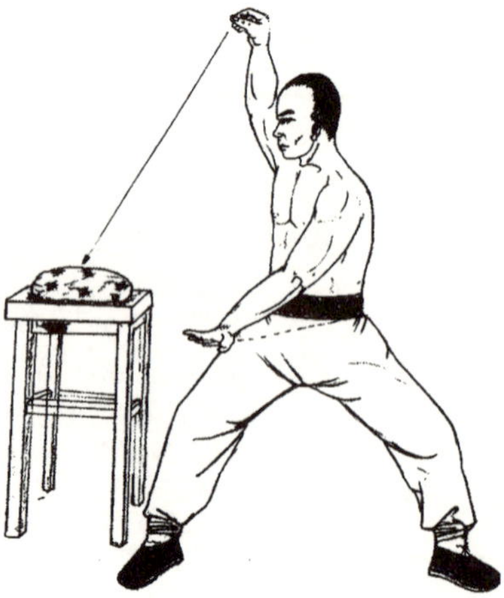

图 2－28

图 2－29

注：一切要领和禁忌、收功等，均与“铁砂掌初级功”相同，习者可自行参考，此不赘述。

第四节　铁砂掌高级功

练习中级练法至3个月后，改用高级姿势。（图2－30）

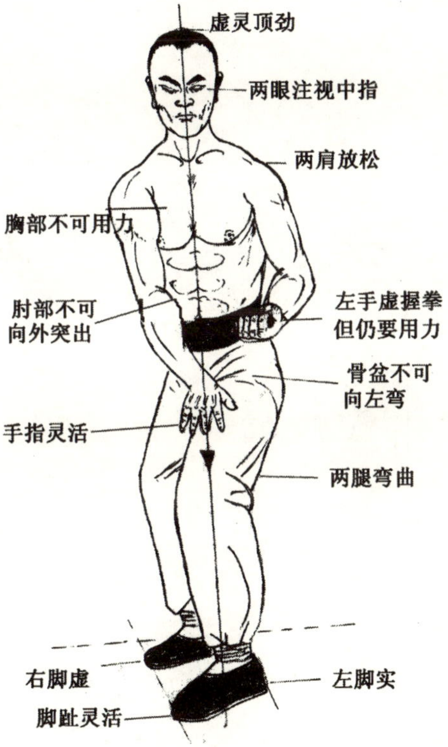

图2－30

此功法看起来与初、中级功法无大差异，但是，此功法姿势，腰部扭动比前两种功法更易使腰腿（即下盘）崩溃。本法练习时，要求上半身不可前后摇动。练后注意按摩手掌，以免用力击打铁沙袋而致使手指不灵活。

一、拍法

将沙袋凳放置于身体左前侧，距离适宜，马步站立，两拳抱于腰侧。采用逆式呼吸，鼻吸鼻喷。

1. 吸气，同时，头向左转，目视沙袋，左手成横掌按于沙袋上方，掌心向下，掌指向前，右掌屈臂上举于头右侧上方，掌心向前，掌指向左。（图 2－31）

2. 喷气，同时，左掌成拳收抱于腰侧，拳心向上，右掌向左前下方以掌面拍击沙袋，掌心向下，掌指向左。（图 2－32）

照上述方法，右掌反复拍击 49 次后，换成左掌练习，方法相同。

图 2－31

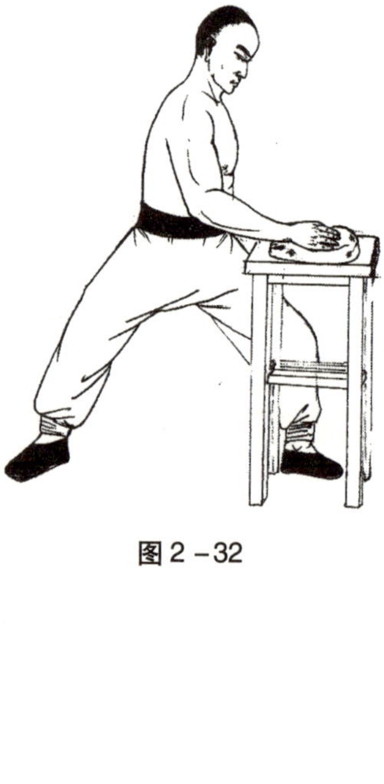

图 2－32

二、摔法

拍完，原站立姿势不变。

1. 吸气，同时，头向左转，目视沙袋，左手成横掌按于沙袋上方，掌心向下，掌指向前，右掌屈臂上举于头右侧上方，掌心向前，掌指向左。（图 2－33）

2. 喷气，同时，左掌成拳收抱于腰侧，拳心向上，右掌以掌背向左前下摔击沙袋，掌心向上，掌指向左。（图 2－34）

照上述方法，右掌反复摔击 49 次后，换成左掌练习，方法相同。

图 2－33

图 2－34

三、劈法

摔完，原站立姿势不变。

1. 吸气，同时，头向左转，目视沙袋，左手成横掌按于沙袋上方，掌心向下，掌指向前，右掌屈臂上举于头右侧上方，掌心向前，掌指向左上。（图 2－35）

2. 喷气，同时，左掌成拳收抱于腰侧，拳心向上，右掌以掌棱向左前下劈击沙袋，掌心向左后方，掌指向左。（图 2－36）

照上述方法，右掌反复劈击 49 次后，换成左掌练习，方法相同。

图 2－35

图 2－36

四、砸法

劈完，按原站立姿势不变。

1. 吸气，同时，头向左转，目视沙袋，右掌屈臂上举于头上方，掌心向左下，掌指向左上方，左掌横按于左肋前侧，掌心向下，拇指侧在内。（图 2－37）

2. 喷气，同时，右掌以掌根向左前下砸击沙袋，右前掌翘起，掌心向左，掌指斜向上，左掌稍向外伸，目视沙袋。（图 2－38）

照上述方法，右掌反复砸击 49 次后，换成左掌练习，方法相同。

图 2－37

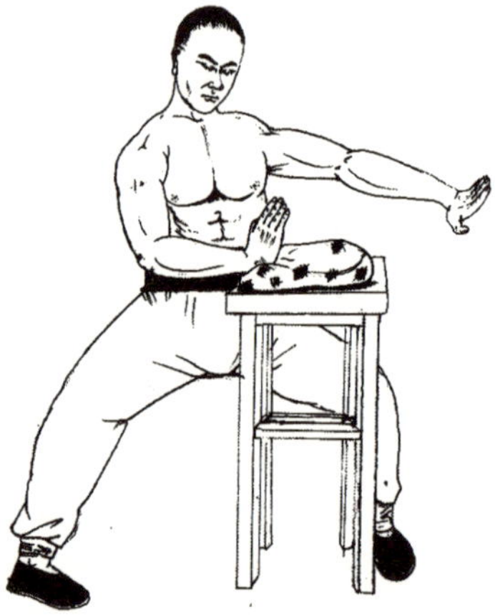

图 2－38

五、啄法

砸完，原站立姿势不变。

1. 吸气，同时，头向左转，目视沙袋，左手横按于沙袋上方，掌心向下，掌指斜向右，右手五指撮成勾手，屈臂上举于头右侧上方，手心向下。（图 2－39）

2. 喷气，同时，右勾手以指尖向下啄击沙袋，左掌成拳收抱于腰侧，拳心向上。（图 2－40）

照上述方法，右掌反复啄击 49 次后，换成左掌练习，方法相同。

图2－39

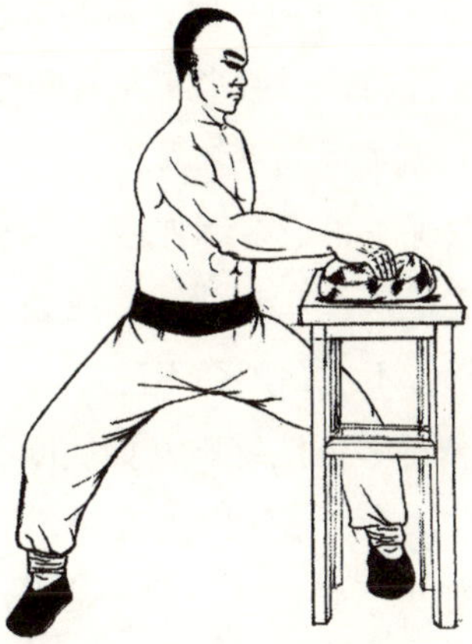

图2－40

第五节　顾汝章宗师答弟子问

本节内容来自古籍，为了便于练者阅读，略有删改。

1. 少林铁砂掌创于何时何人？

少林铁砂掌创自何时何人，已无考据。吾派铁砂掌学自嵩山少林嫡传严蕴齐恩师，结合几十年练功体会，总结此法，以利普传广益，光大国术。

2. 顾派铁砂掌属外家功，还是内家功？

本派铁砂掌注重大力，断石开砖，属外家刚猛硬功。

3. 练顾派铁砂掌，有何功效？

本派铁砂掌是一种非常实用的武术手上功夫，功成后掌硬如铁，劲力超常，可以开砖断石，克敌制胜。同时，本派铁砂掌还是不错的养生功夫，其在练掌过程中采用的吐纳术、打沙袋等方法，可以连带保健周身各部，如活指舒心、补气益肺、壮腰强肾、养肝明目等。

4. 用铁砂练掌成功快，还是用绿豆练掌成功快？

既名铁砂掌，当然铁砂练掌出功较快。如出于健身目的，用绿豆练掌并非不可，较为柔和，虽成功略慢，但久练亦能练就一定掌力。

5. 早晚各行功一次，需要多长时间才能断砖？

依法行功，一般半年左右即能断砖。资质好者百日即可。

6. 单练右手可否？

旧法练掌，或多练左手，因普通人惯用右手，恐练右手成功，常无意伤人。但依敝法行功，双手并练，或独习一手，皆可随便，亦无错手伤人之虑，盖本功所练之掌，不发劲则劲不注。

7. 依师尊方法练掌，如能断石开砖后，再继续行功，另有方式否？

如欲深造，依法继续行功，不需其他方式。如算有者，即技击术。

8. 如买不到铁砂，用车轴珠代替，未知可否？

如买不到铁砂，用车轴珠代替也不错。

9. 如果买不到铁砂，用铁粉代之可否？

因铁粉太细，打力易散，练硬不宜。用车轴珠、绿豆或黑豆代之，较用铁粉为佳。

10. 顾派铁砂掌，何以使用药物？

练本铁砂掌而使用药物者，原因有二：一借药力补助，增强双掌功力；二可祛瘀散毒，以免伤身。

11. 如练顾派铁砂掌，不用药物，后果如何？

练习本功，不用药也可练习。缓缓从事，不借药力，功到自然成。使用药物，实对专业武术家而设。若为业余者练功，可不用药物，但练功要慢，练时要短，以防受伤。然有不用药物，又练功求速者，急操猛练，不加调和而伤气败血，甚之致瘀攻心，危及生命。不可不慎！

12. 行功之后，用普通药酒浸手是否可以？

不用专方正药，以普通药酒充数，效果必差。慎之！

13. 练顾派铁砂掌之药物，是否可用西药？

否。国术之功，必以中药。

14. 如买不到铁砂，用豆类行功，亦需药物否？

药功之目的，除活泼气血、化滞消瘀外，尚有助长掌功之效，故不论铁砂或豆类行功，有药物补助为佳，但不必十分绝对。

15. 若手上有破伤，可以按前面所介绍的药物练掌否？

若行功中途不慎有黑瘀等伤痛，或手上有刀伤及其他破伤，则宜待其痊愈后，方可行功，以免再次伤之。

编者注：特别告诫读者，本书所介绍药方，练者必须亲自去中医院咨询正式医师后方可使用！如果手破流血者，使用时更要慎之又慎，以防某些药物有毒入血！切记斯言，乱用自伤者，勿怪编者言之不预！

16. 顾派铁砂掌专用药物，用何种酒制之最佳？

用高粱酒制之最佳，如买不到高粱酒，只用白酒制亦可，但必须是50度以上的白酒。

17. 练顾派铁砂掌为什么要提倡常吃猪血？

因行功拍打，或可能吸入尘污。猪血有排毒作用，常吃之，利于养身。

18. 练功前后，要隔多少时间方可进食？

行功前后，要隔1小时方可进食（指难消化者）。但也不可空腹行功，以免过分消耗体力，最好行功之先，饮杯牛奶之类的流质食物，借行功之力，使身体吸收，增加营养，使与消耗平衡。

19. 我曾习顾派铁砂掌一年，但未能破砖碎石，何解？

敝人经验，行功最快百日即能断砖。阁下苦练经年，而不能破砖者，必为方法不正。

20. 有人练了顾派铁砂掌，手部有硬化之弊，如何处置？

功分外壮、内壮，插砂有直接、间接。外壮练法，直接插砂，不会运劲，蛮力死练，结果由于皮肤直接与砂磨砺，致皮粗肉老，筋皆盘结，状若蚯蚓，浮于皮外，筋骨硬化，事亦不奇。但内壮练法，则与世俗大异，运劲有势，药物有方，间接打砂，成功后，筋膜皆坚于内，不软不硬，不用如常人，努劲如铁石，且劲力极重，而无手部不灵活之弊。本派铁砂掌，即由内壮练法脱化而出，功成绝无粗糙、僵硬之弊。

21. 顾派铁砂掌轻轻地拍，日子一久，何解其力如此之巨？试看举重家，他们一样天天练，何解其力不及顾派铁砂掌？

此是力与劲之别。举重家所练之力，是全身发展，本派铁砂掌所练之力，专集于指掌一部。设彼此皆有百斤力，一则分散全身，一则集注指掌，故本派铁砂掌之掌劲，较举重家所得之力为大。

22. 顾派铁砂掌是否要身体强壮才可练？

练本派铁砂掌，不必十分强壮体格，但有心脏病者，不甚适宜。

23. 照师尊方法行功，成功后是指有劲，还是掌有劲？

成功之后，指、掌、腕部都有劲力。

24. 我常见卖艺者，以掌劈开七八十斤之大石，是否比顾派铁砂掌厉害？

敝人今传的掌功练法，数月之间并不能有此惊人掌力，有者能断砖数块而已。如能久习，断百斤大石也易如反掌。

25. 据该卖艺人云，此种掌力，至少三年不断苦练，方可成功，未知确否？

如该卖艺人之巨石，未经药物制过，而其纯用掌力破开，则属真功夫，非三年以上之苦练不可得之。

26. 练顾派铁砂掌是否会吐血？

不依正确方法而瞎练，不知运劲秘窍而乱打，或不管身体能否承受而猛练，必对身体有害。所以练功时一发觉身体有不良反应，如头疼、心慌、眼花、反胃、身麻等，应即暂停，待弄清楚错误所在，修正后再练。假如已有不良反应，明知再练必有大害，如不认真修正，严重时不但吐血，甚有因此丧命者。这并非危言耸听，望谨记之！

27. 据云，练功百日内，不能房事及梦遗，但我每月必有一二次梦遗，有何法制止，是否有碍进步？

行功百日内不能房事及梦遗之说，非吾所主张，房事与行功虽有关系，但非直接者。只求适度，不必强加禁忌。

至于梦遗，其遗泻之因，乃由于精囊内之精液过剩，无机发泄，而起神经刺激，于幻梦中排出体外，是正常生理现象，并无大害，可不必理会，与功夫之进展亦无碍。再者，如言绝对控制梦泄，实属难为；但有一法，可收一定效果，即侧身而睡，向右为宜。

28. 我无武术基础，能练习顾派铁砂掌否？

无武术基础，亦可练本派铁砂掌。

29. 练完顾派铁砂掌，可否即洗澡？

练完顾派铁砂掌后，先散步于庭院数周，搓揉双掌片刻，以松筋骨，待呼吸、脉搏恢复常态后，方宜沐浴。

30. 照师尊方法拍打时，臂膀放松（不可用力）运劲于指掌之间拍打，但我感觉臂膀如不用力，打下时不速，则碰击甚轻微，有如轻轻放下；待其成为打时，臂已有出力，不能放松。究竟详细方法如何，敬烦指示！

拍打时，臂膀亦需用劲，而后始能完成动作。但注意者，拍打主劲在指掌，而非臂膀。所谓放松，并非全不用劲。练掌时，如用臂膀为主劲，他日成就，掌臂劲力平均，施之于敌，力点不集，非属上乘。如练掌时，以掌劲为主劲，则他日成就，劲贯指掌，施之于人，力点集中，劲沉而猛，方为真劲。

31. 掌法与掌功的使用，有什么不同吗？

掌法，为内外各家所重，因其变化无方，瞬息即异，或啄或拿，或印或按，不易招架。外家以柳叶掌为长，内家以印掌最擅，形式名称虽异，而其变化则不出双推掌法。

双推掌，变化以圈胜，圈有长短、阴阳之分，直横、奇正之别。势做回环护拦，形如毒蛇缠旋，首尾呼应，神奇莫测。长圈以缠最妙，如太极拳“搂膝拗步”之“搂手”圈形类；短圈以拦最妙，如形意拳“横拳”之“翻格”圈形类；直圈以攻最妙，如形意拳“崩拳”之“冲击”圈形类；横圈以守最妙，如太极拳“云手”之圈形类。上述之迹可依普通拳谱寻得，至其变化，非一言半语能够尽述。

用掌施劲，以能发于丹田、贯注掌心为最当注意之事。劲力之发，有五停：一停于肩，二停于肘，三停于腕，四停于掌，五停于指。贯劲之法，一以气，一以劲，本派铁砂掌即运劲串贯之法，能依法行之数月，则劲过五关，施掌取人，随意发劲，无往不利。

抵手用掌，不可沾实敌之身和物，因不实则虚，能虚则易于变化。出手以指尖探虚实，以掌根发实劲，上不过肩，下不过脐，发劲要采中。发左手，则收右手衬劲；发右手，则收左手衬劲，双掌穿梭，如撕棉花，上下左右，变化莫测。运用之妙，完全在乎一心，能悟其理，不论双掌齐出，还是单掌独进，只要用心审势，因势用劲，均能立占先机。

第三章　铁砂掌功力测试

功力测试，是指操行顾派铁砂掌数月后，要以掌去劈砍瓦、砖、石、木板等硬物，来检验功力大小。此法也是开砖、断石的锻炼手段。虽然断砖碎石并非顾派铁砂掌修炼的本意（其终极目的在于提高技击杀伤力），但是通过试功可以增强练习者之自信心，以及发力击打技巧，所以还是非常必要的。

第一节　劈瓦测试法

练功 1 ~3 个月后，即可试劈。

一、托瓦试劈法

1. 左虚步站立，左掌托瓦（初始练习托瓦一片，而后逐渐加多）屈臂于小腹前，掌心向上。吸气，同时，右掌向上提于右胸前，掌心向左，掌指向前，目视瓦片。（图 3 –1）

图 3 –1

2. 喷气（或用口吐气发声），同时，右掌以掌棱向下面瓦片中间劈击，使之断开。（图 3 –2）

3. 每当瓦片迎掌而断之后，加瓦再劈。（图 3 –3、图 3 –4）

图3－2

图3－3

图3－4

二、搁桥试劈法

将两块砖左右平行放于地面，两砖距离为瓦片宽度的三分之二，再将一叠瓦横着平放于两砖上，形如桥状。面对瓦垛马步站立，距离适宜。

1. 吸气，同时，左掌按于左胯前侧，掌心向下，拇指侧向内，右掌屈臂上提于右胸前，掌心向后，拇指侧向上，目视瓦垛。（图3－5）

2. 以意领气于右掌，喷气，同时，右掌以掌棱向前下瓦垛中间猛劈，掌指向前，掌心向下，使瓦全部粉碎。（图3－6）

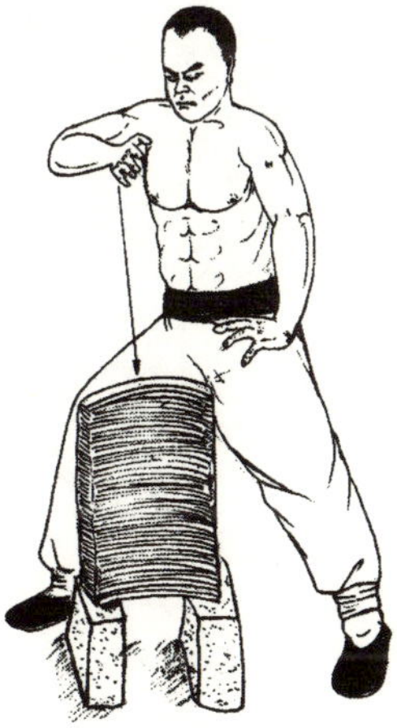

图3－5

图3－6

第二节 劈砖测试法

一、劈击砖块

将一块砖用左手按放在平台上，砖的一半悬空，而后用右掌棱由上向下劈击砖悬空处。(图 3 –7)

以劈断砖（块数多少）来测定掌劈击的力量。注意，按压砖块的手要紧而有力，劈击掌要有爆发劲。可以单手试练，也可使用双掌，练者自选。

二、推击砖块

左手将一块砖的一段推按在平台的边沿上，砖另一段露空，然后右掌屈臂收提至右肩前，随即用掌根推击砖块露空的上半部。(图 3 –8)

以推击砖块断裂块数多少来测定推击力量。

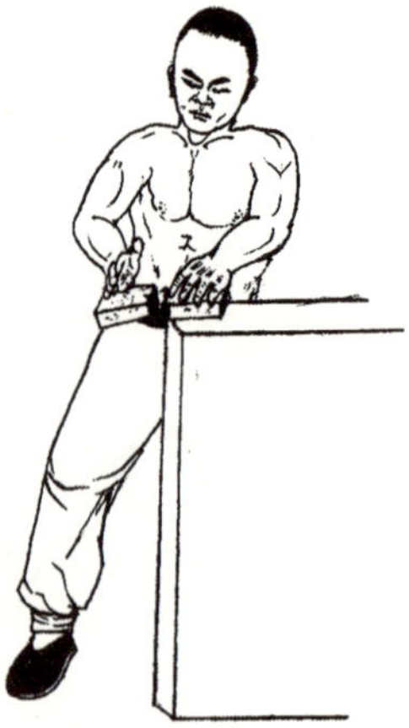

图 3 –7

图 3 –8

三、横削砖块

左手将一块砖的半段横按在平台的边沿，砖的另半段露空，然后右臂平伸，用右掌棱由左向右横削砖露空段。(图3-9)

以削断砖的块数来测定横切力量。

四、横拍砖块

右手将一块砖的半段侧推靠在平台边沿上，用左掌由左向右横拍击砖的另半段。(图3-10)

以拍断砖的块数来测定横拍力量。

图3-9

图3-10

图3－11

五、戳击砖块

左手将一块砖的半段推靠在平台的边沿上，然后右手用指尖由后向前戳击砖的另半段。（图3－11）

以击断砖块来测定戳击力量。戳击时，手指夹紧，手腕绷直，戳击爆发力强。

六、平切砖块

1. 右手将砖块平放在平台上，按压住砖的一端，然后左掌棱由上向下切劈砖块的另一段。然后，换右掌切击。（图3－12、图3－13）

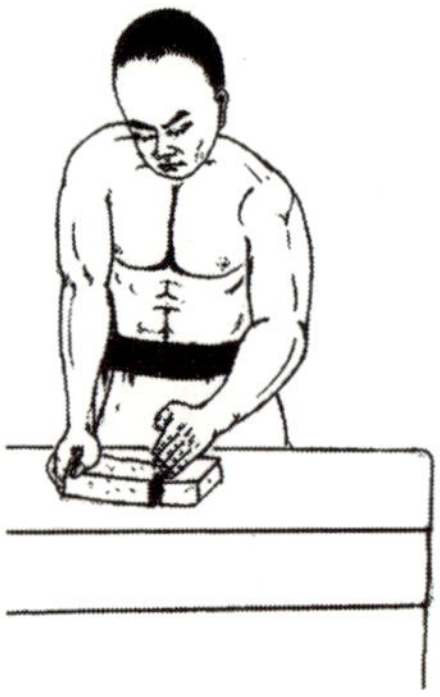

图3－12

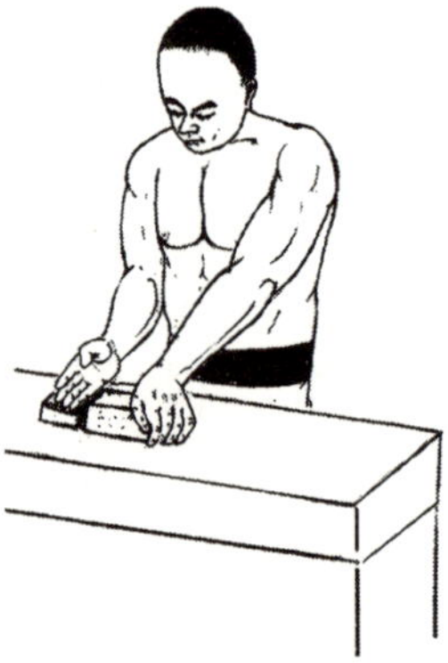

图3－13

七、推劈砖块

将一块砖用左手推靠在墙棱的边沿上，砖一半空出墙角外，然后用右掌棱推击（或劈击）砖块露空部分。（图3－14）

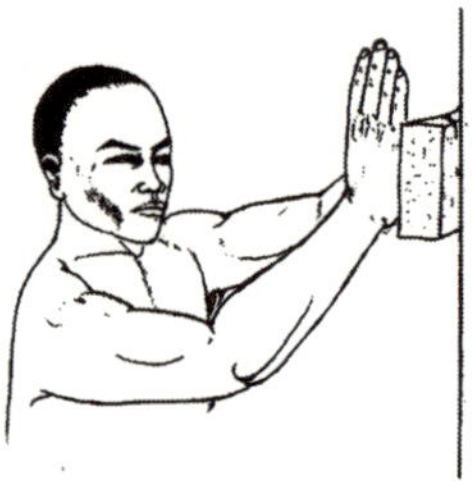

图3－14

以断砖块数多少来测定推劈力量。注意，左手拿砖的一半推靠在墙上要有力，使砖块与墙贴紧，防止右手推劈时将砖翘起。

第三节　劈击木棍

将直径约 10 厘米粗的杉木或松木棍放在平台边沿，木棍一段悬空，另一段用右手按压住，然后用左掌棱由上向下切击木棍悬空的一段。（图 3－15）

再将木棍前移悬空约 10 厘米继续切劈，以切断木棍粗细来测定劈击力量。

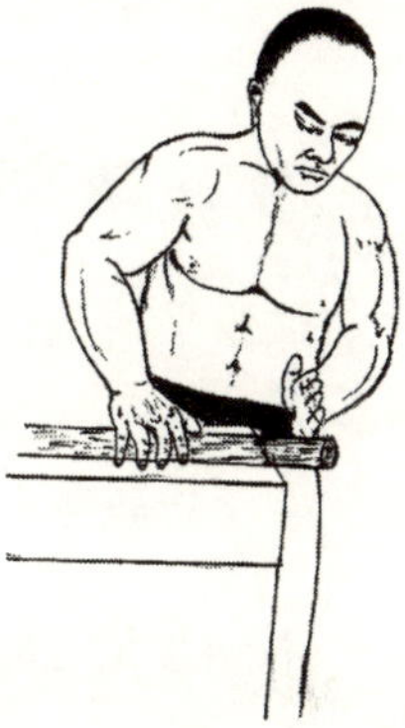

图 3－15

第四节　切劈鹅卵石

将一块大鹅卵石放在平台上（或地面），然后再将一块小鹅卵石放在大鹅卵石上面，左手按压小鹅卵石一端，右手成掌由上向下切劈小鹅卵石另一端。（图 3－16）

以切断鹅卵石的厚度及大小来测定切劈力量。注意，掌切鹅卵石除有相当功力外，还要讲究一定的技巧：左手按压时，要让手中的鹅卵石与底座有一定的空间，在右掌切下时，使之与底座鹅卵石产生反弹力，这样受击的鹅卵石更易断裂。

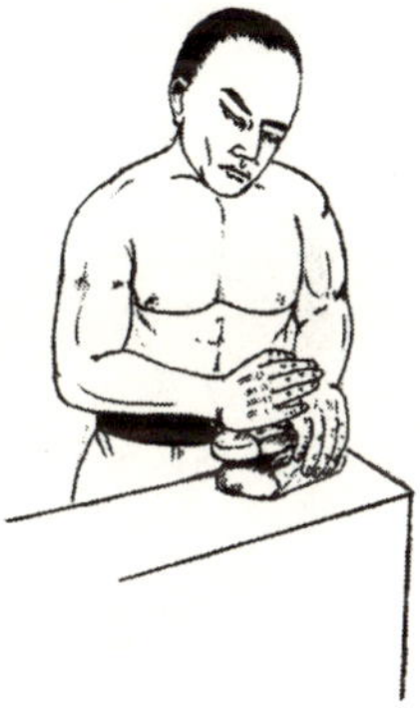

图 3－16

第五节　劈击酒瓶

一、劈切酒瓶

左手持酒瓶平抬至腹前，右手成掌，用掌棱由上向下劈击酒瓶中部。（图 3－17）

注意，左手持瓶要牢，右手切劈时应用顿劲，否则，瓶碎时极易划伤手掌。

二、横切酒瓶

将酒瓶立放在平台上，右手成掌，掌心向上，用掌棱由右向左横切酒瓶上端。（图 3－18）

要点与劈切相同。

图 3－17

图 3－18

第六节　劈击木板

一、推劈木板

让助手手持木板，双臂平举伸直。我面对助手成弓步站立，右手成立掌，用掌棱由后向前推劈木板中部。（图 3－19）

以劈断木板块数或厚度来测定推劈力量。

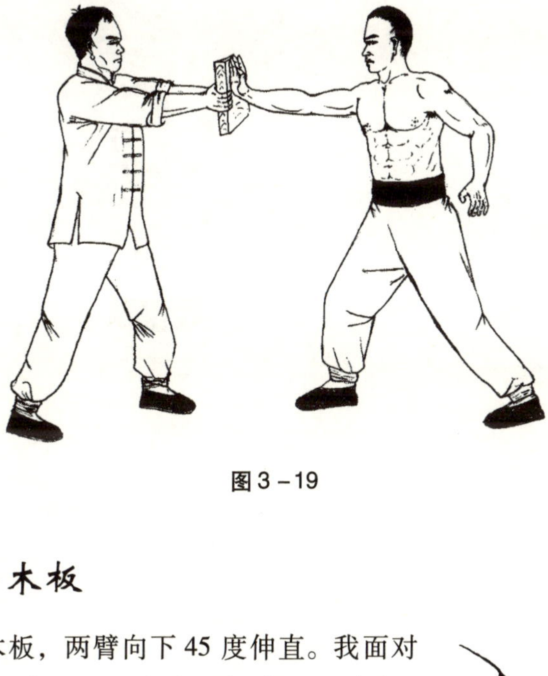

图 3－19

二、撩击木板

助手双手持木板，两臂向下 45 度伸直。我面对助手站立，右臂下伸，用右掌掌根撩击木板中部。（图 3－20）

以击断木板块数或厚度来测定撩击力量。

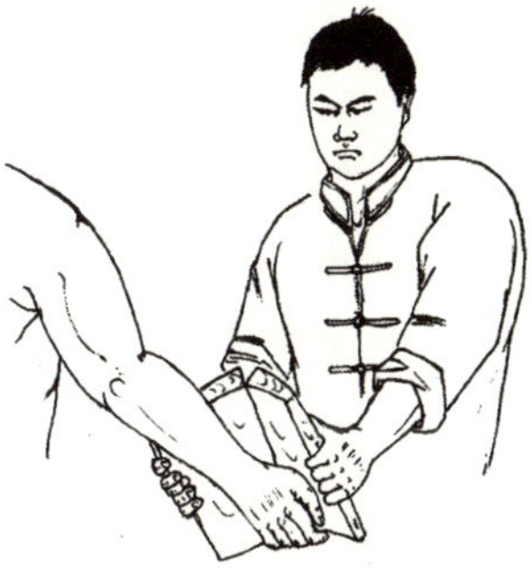

图 3－20

三、劈砍木板

助手双手持木板，两臂屈举45度，我面对助手站立，右掌上举，用右掌棱由上向下劈砍木板中部。(图3－21)

以击断木板块数或厚度来测定劈砍力量。

四、横切木板

助手手持木板，右手在上，左手在下，两臂屈肘平举。我在其右侧，左臂平举，用左掌棱由右向左横切木板中部。(图3－22)

以切断木板块数或厚度来测定横切力量。

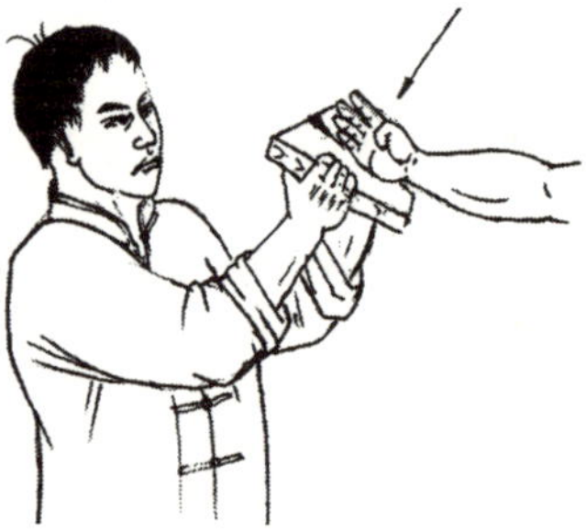

图3－21

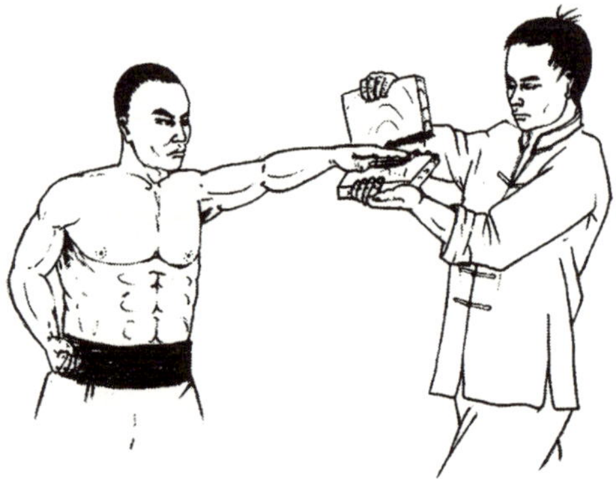

图3－22

五、横砍木板

助手手持木板，两臂上下屈肘平举。我在其右侧站立，右掌掌心向上，用掌棱由右向左横砍木板中部。(图3－23)

以砍断木板块数或厚度来测定横砍力量。

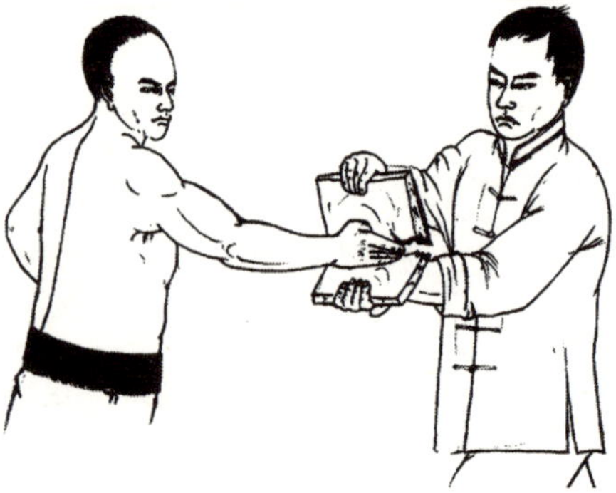

图3－23

六、推击木板

助手以左右手持住木板两边，两臂平举前伸。我在其正前站立，右掌用掌根由后向前推击木板中部。（图 3－24）

以击断木板块数或厚度来测定推击力量。

七、拍击木板

助手双手持住木板两边，两臂屈肘前举，木板面朝向斜上方。我在其正前方站立，右掌上举，用右掌掌面由上向下拍击木板中部。（图 3－25）

以击断木板块数或厚度来测定拍击力量。

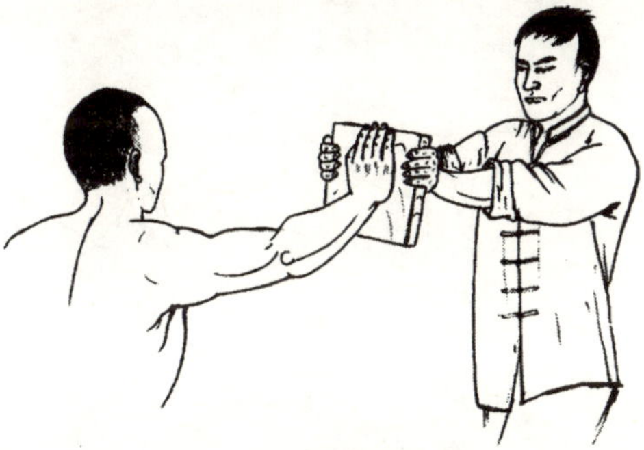

图 3－24

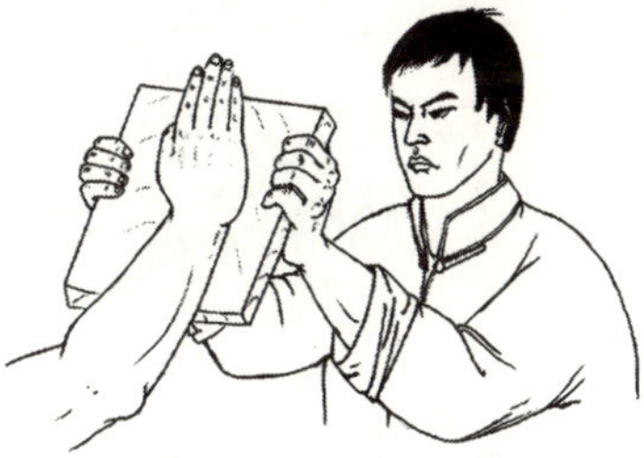

图 3－25

八、戳击木板

助手双手上下持住木板两边，两臂平举前伸。我在其正前方站立，右掌用指尖由后向前戳击木板中部。（图 3－26）

以戳断木板块数或厚度来测定戳击力量。

图 3－26

第七节　单掌开砖

以青砖或红砖5~6块重叠在一起，平置于地面，或一平台上，高度适宜。

马步蹲立于砖前，吸气，以意领气于右掌，屈臂收提右掌至右肩前，掌指向下，掌心向里；吸足一口气的刹那间，右掌以掌棱向重叠的砖面中部劈下。以砖断裂的块数而测定功力的深浅。（图3－27）

顾汝章先生在示范拍掌时，手掌到处，重叠的12块砖立刻碎裂。（图3－28）

图3－27

图3－28

以顾先生并不粗壮的筋肌，并不大开大合的发力姿势，轻松开砖十几块，犹如我们平常随意一拍，如此可见，其掌功内力已达化境，不愧为开门立派的铁砂掌一代宗师！

第八节　顾派铁砂掌寸劲秘要

所谓寸劲，是指距离攻击目标很近，或者动作即将完成的瞬间，突然加速收缩肌肉，发出的短促、刚脆的爆发力量。寸，即比喻发劲距离之短。

发好寸劲的关键，在于把握动作加速度的时机，这个时机应在掌指放松出击至粘贴对方皮肤（或衣服）时，才突然加速爆发最大劲力，俗称“沾衣发力”。寸劲是中国传统武术中，通过内外兼修，使意念力、呼吸力、运动力集中的一种武术劲力的表现方式，看似简单平淡的一击，却足以产生致命的杀伤力。

寸劲的运用是由足而膝，而腰，而肩，而肘的连贯动作催动产生内外能量的传递。当这种能量传递到腕、掌部位时，腕、掌扭转的紧张的配合发力动作，是实现寸劲爆发的最后和决定性环节。

腕关节是人体最灵活的关节，能使手做屈伸、内收、外展和环绕动作。所以，传统武术将腕关节视为“夺门之节”，认为腕关节最能体现内劲并使之透达于手。在发力上，传统武术讲究发短劲（如寸劲、冷弹劲、抖擞劲等），在距离很近或动作结束的瞬间，“猝然一抖，内劲出矣”。其劲如鞭打般冷脆齐整，一触即发，一抖即收，出其不意，沾衣发劲。这个“猝然一抖”，即包含了腕关节弹抖、扭转的紧张的刹那运用。它的作用主要是加大出手瞬间整体加速度，实现螺旋劲力，体现瞬间最大爆发力。

在手臂的出击过程中，腕掌必须放松，直到接触对方身体瞬间扭转发力时才能骤然紧张。这样才能发挥肌肉瞬间张弛差，体现寸劲的瞬间最大爆发力。

以击木板发寸劲为例（其他掌法寸劲请读者自参）。

1. 令助手两手持住木板两端，弓步站立，两臂向前伸用力，肘部略屈；我正对木板，左掌在前，掌心向右，指尖接近木板约一寸之距离，右掌屈腕放松，指尖向下，掌心向左，以虎口侧对木板，距离木板约 3 寸，吸气蓄力，目视木板。（图 3－29）

图 3－29

2. 左掌猛然握拳向腰间一收，右掌竖指立腕，用掌根抖击木板。（图 3－30）

图 3－30

上述动作反复练习，直至一发力，掌着木板时，助手应声后退，甚至坐跌于地，此时掌上硬功与寸劲皆具。

第四章　铁砂掌技击术

常练铁砂掌功夫，当具备了刚硬的掌力之后，进一步就要学习铁掌技击术。因为一旦临敌，搏斗时的双方都在不停地运动着，面对忽东忽西、捉摸不定的对手，如果一双铁掌仅能开砖断石，只会打些固定的物体，可能连敌衣襟都沾不到；或能勉强打上一掌，敌身体一吞吐，手臂一招架，即可能把打到的掌劲卸化无几。许多铁砂掌练者，常有此之误。所以功夫与技击相辅相成，不可偏废，练至“铁砂掌下敌如泥，一旦出掌必杀伤”，方为全功！

第一节　基本手形及用法

一、立　掌

（一）手　形

四指伸直并拢，拇指紧扣于虎口处，着力点在掌外沿一侧。（图4－1）

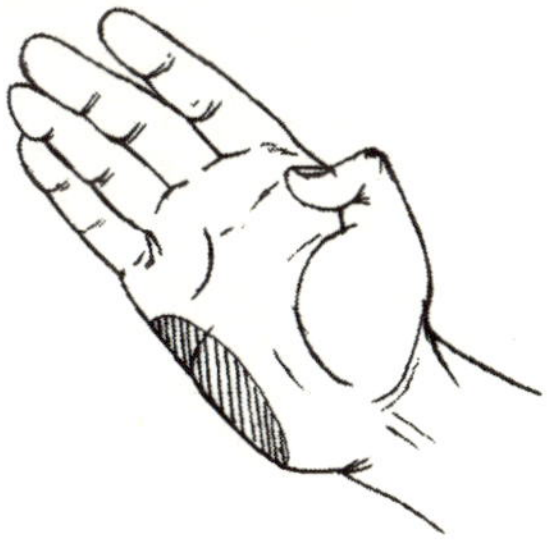

图4－1

（二）用　法

1. 劈砍面部

以掌外棱由上向下劈砍敌面部一侧，主要是鼻、眼睛、面颊、太阳穴、耳门等。（图4－2）

2. 斜砍颈部

用右掌外棱由左向右下斜砍敌颈部一侧，主要是颈动脉。（图4－3）

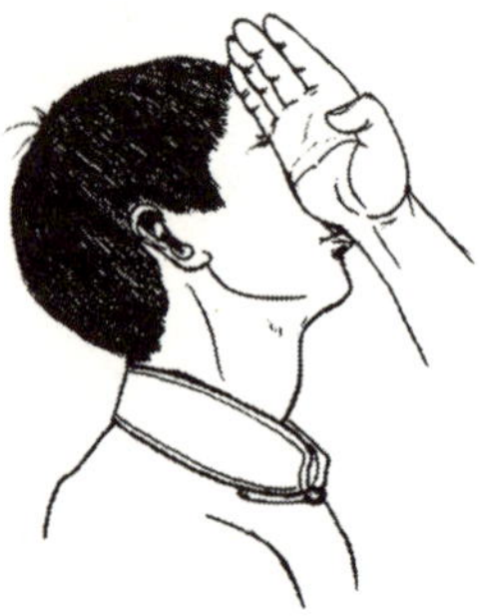
图4－2

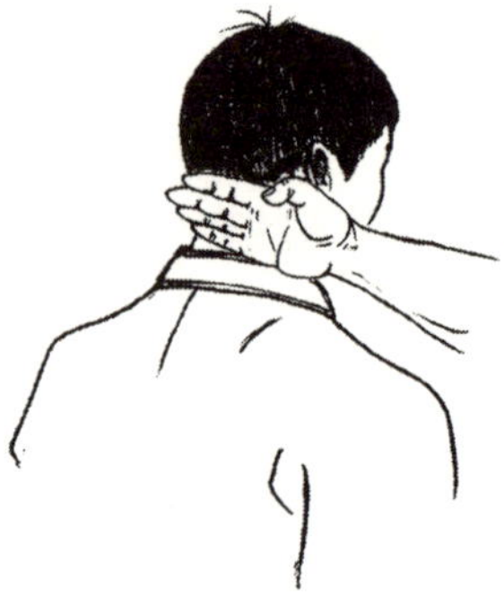
图4－3

3. 推击肋部

设敌用拳来攻时，我右手成横掌，双腿一蹲，右掌外棱推击敌右肋部，主要以软肋为准。（图4－4）

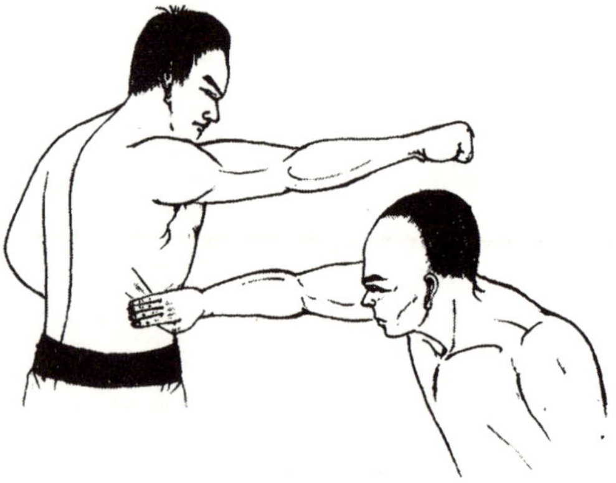
图4－4

4. 切砍肘关节

在格斗中，先抓住敌一手腕，另一掌迅速用掌外棱切砍其肘关节两侧。（图4－5）

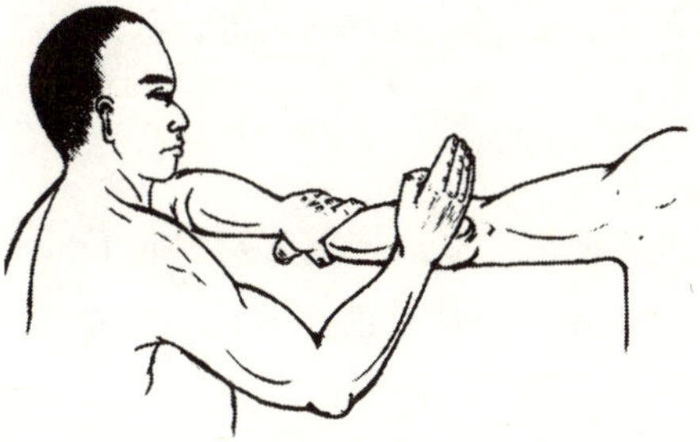

图4－5

5. 劈砍膝关节

在格斗中，以左手臂截抱住敌左小腿时，右掌迅速由上向下劈砍其膝关节前侧。（图4－6）

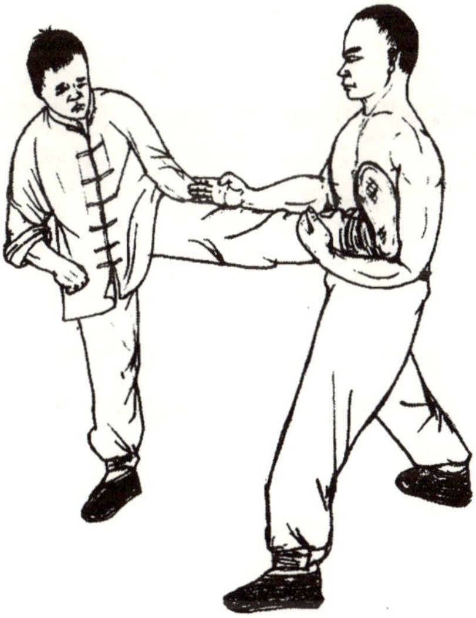

图4－6

二、推　掌

（一）手　形

五指自然张开，微屈指，手背与前臂成直角，着力点在掌根。（图4－7）

（二）用　法

主要用于推击、顶击、撩击（手心向前，指尖向下）。

推击下颌：右手五指张开，手背与前臂约成直角成推掌，用掌根后下方向前上方推击敌下颌部，主要部位是下颌及面部下三角区。（图4－8）

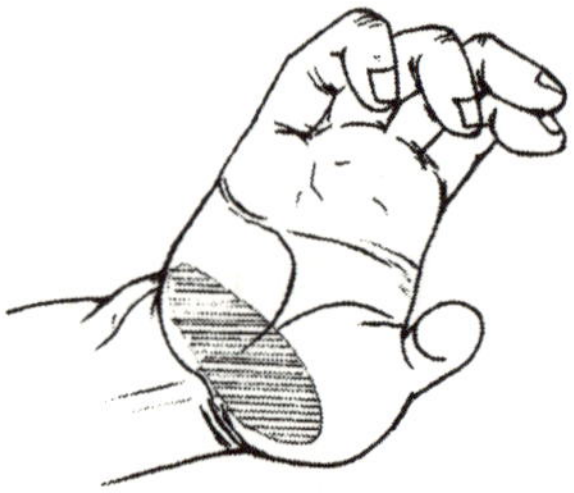

图4－7

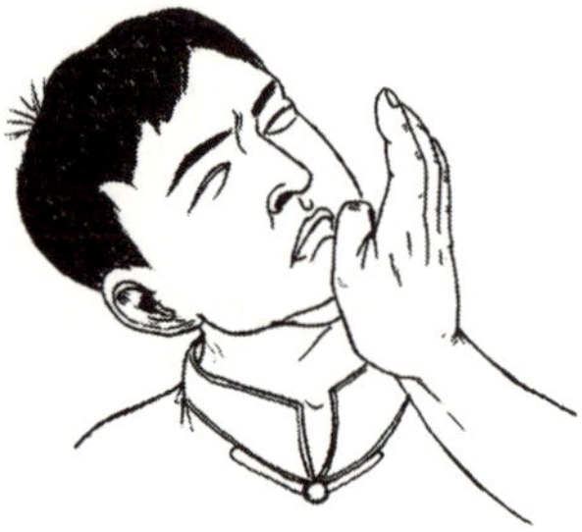

图4－8

三、抓　掌

（一）手　形

五指自然张开，微屈指，手背略外展，力点在五指指尖上。（图4－9）

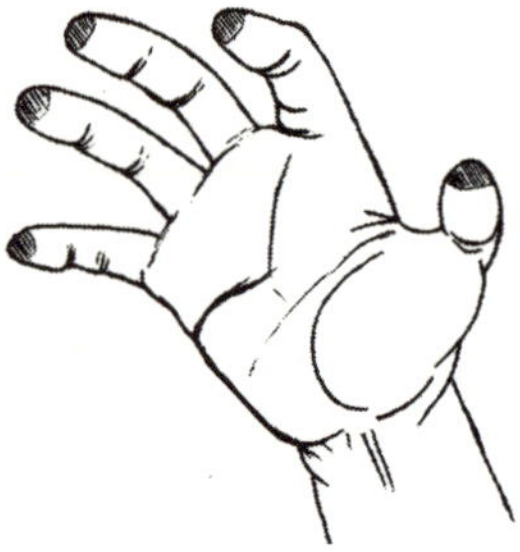

图4－9

(二)用 法

1. 抓击面部

右手五指自然分开略弯曲成抓掌，用五指尖抓击敌面部，主要是眼、鼻等部位。(图4－10)

2. 抓撩裆部

右臂下伸，右手五指分开略弯曲成抓掌，由后向前抓(撩)敌裆部。(图4－11)

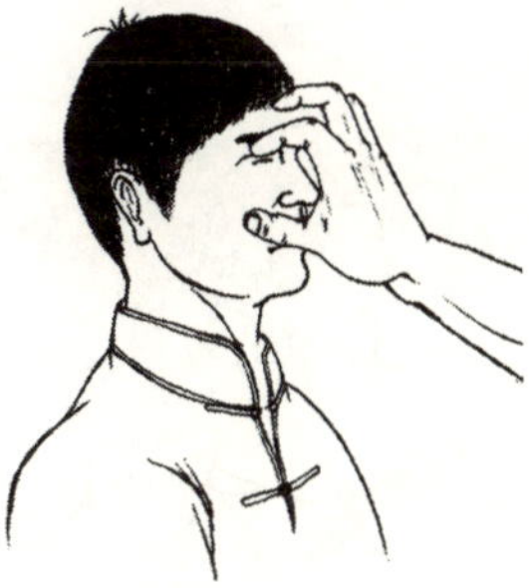

图4－10

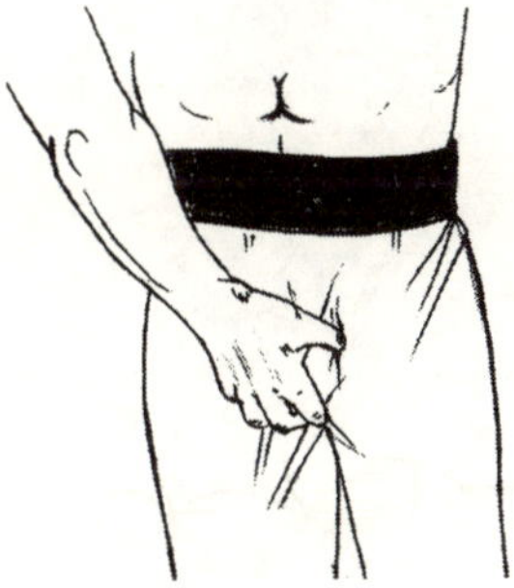

图4－11

四、插 掌

(一)手 形

四指并拢、伸直、夹紧，拇指紧扣于虎口处，手腕绷紧，着力点在四指指尖。(图4－12)

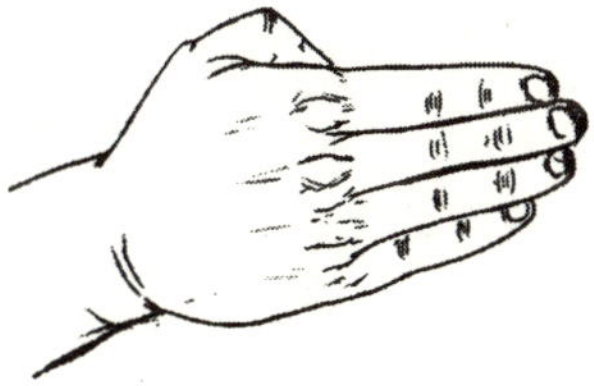

图4－12

（二）用　法

1. 刺插咽喉

右手成插掌，手腕绷直，手心向下，用指尖由后向前戳刺敌咽喉部，主要攻击喉结。(图 4－13)

2. 戳插胸口

右手成插掌，直戳敌胸口，主要攻击膻中穴和鸠尾穴（鸠尾骨）。(图 4－14)

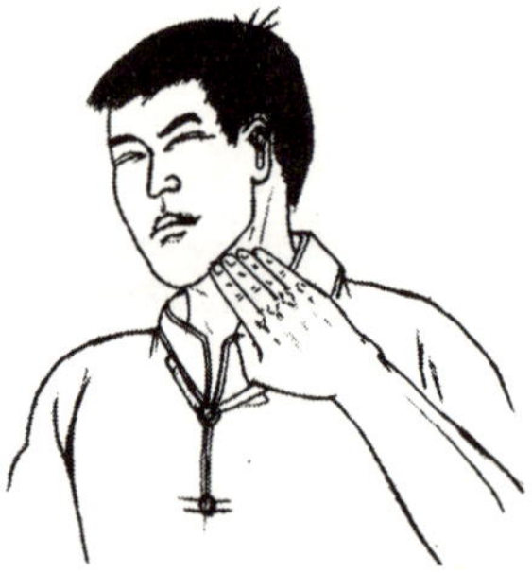

图 4－13

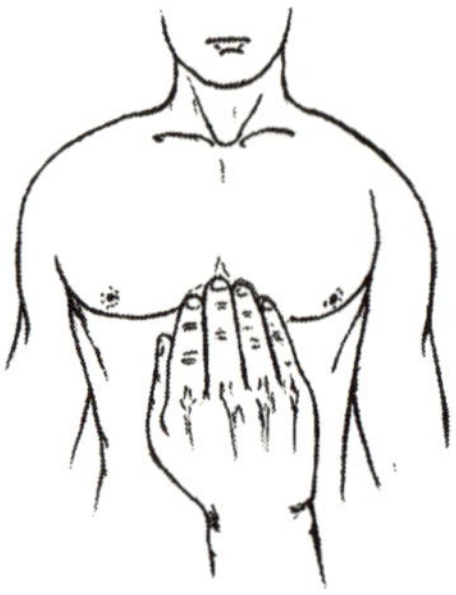

图 4－14

五、叉　掌

（一）手　形

四指伸直并拢，虎口张开，拇指与食指成直角，手腕绷直，着力点在虎口中间部位。(图 4－15)

（二）用　法

推卡喉部：右手五指伸直，四指并拢，拇指与食指为直角，成八字掌，用虎口推卡敌喉部，主要部位为咽喉及颈动脉。(图 4－16)

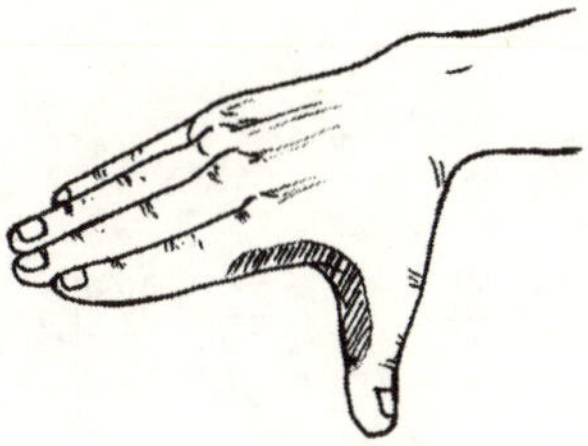
图 4－15

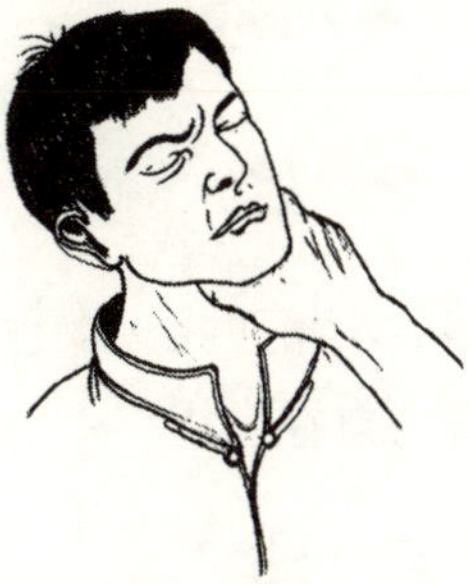
图 4－16

六、仰　掌

（一）手　形

中指、无名指、小指成梯形微扣，拇指与食指成直角（或拇指微扣），掌心向上，手腕绷直，着力点在掌前部。（图 4－17）

（二）用　法

仰掌托肘：在与敌格斗中，左手抓握住敌右手腕并翻拧，右手成仰掌，用掌心由下向上托击敌肘关节外侧。（图 4－18）

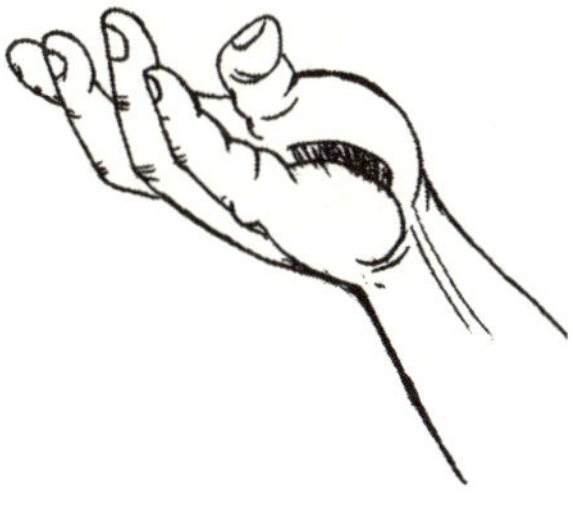
图 4－17

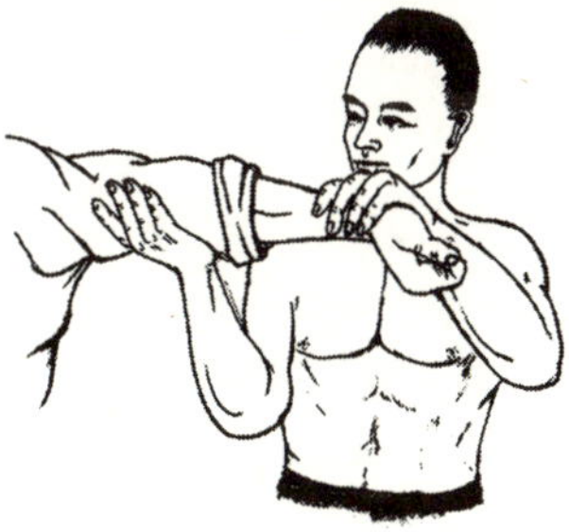
图 4－18

七、二龙指

（一）手　形

无名指、小指屈扣于掌心，拇指屈扣将此二指压紧，食中二指前伸，略弯曲，并分开，着力点在食指、中指的指尖部位。（图 4－19）

（二）用　法

指刺双眼：在格斗中，一旦格开敌之攻击手，在其露出面部的瞬间，右手二龙指直戳敌双目，名为“二龙抢珠”。（图 4－20）

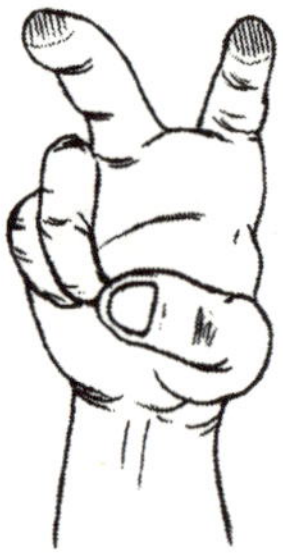

图 4－19

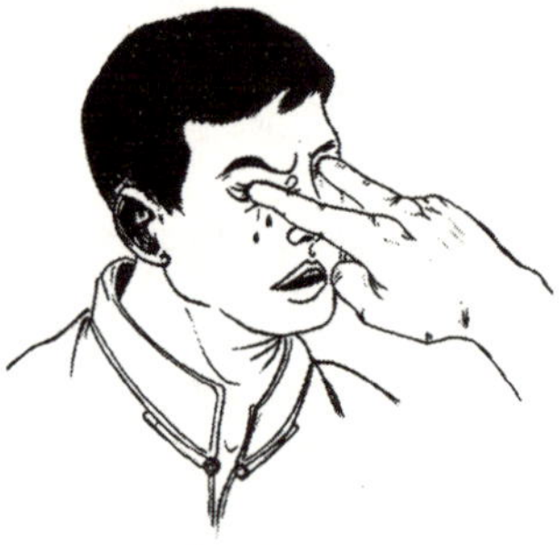

图 4－20

八、横　掌

（一）手　形

四指伸直并拢，拇指紧扣于虎口处，掌心向下，手腕内扣，掌外棱向前，力点在掌外沿一侧。（图 4－21）

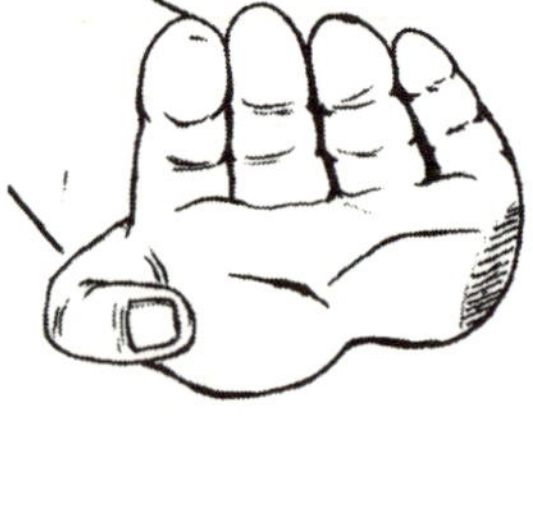

图 4－21

（二）用　法

掌由外向上经头颈向内侧画弧，然后向斜下方横劈敌面部、耳、喉、肋骨及臂等部位。（图 4－22）

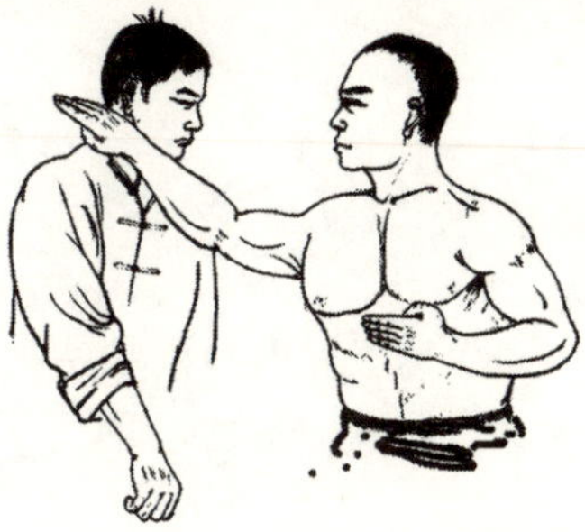

图 4－22

九、勾　手

（一）手　形

五指指尖撮在一起，手腕内勾，成钩状，着力点在五指一撮的顶端。（图 4－23）

（二）用　法

五指捏拢，仿佛捏物一般，指尖并齐，手腕弯曲，在格斗中，乘机点击敌眼睛，或由侧方攻入，点啄敌耳门或太阳穴等要害部位。（图 4－24）

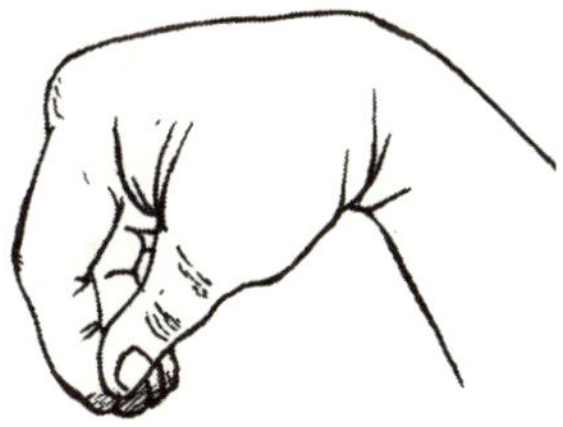

图 4－23

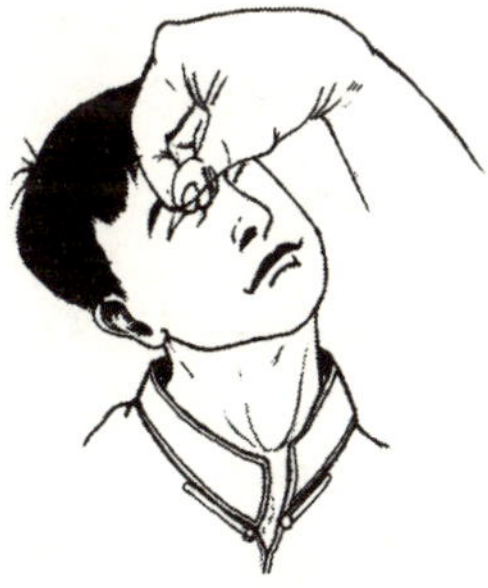

图 4－24

第二节　用掌要诀

少林般禅大师精掌法，曾苦习二十余年不辍，因用功之勤，颇有所悟，有掌法歌诀传世，今录于此，以供参考。

一、歌　诀

气自丹田吐，全力注掌中。
按实始用力，吐气须开声。
推宜朝上起，紧迫短马蹬。
三字沾按吐，都用小天星。

二、释　义

（一）气自丹田吐

丹田位于脐下三寸，乃人体中心点。气能聚此，则步稳、劲整、心静，为内外家所重视。吐者，发也，言气由丹田聚，劲由丹田发。

（二）全力注掌中

用掌能引劲贯掌始为上乘。贯劲有二法，内家以练气引，外家以练劲导。少林铁掌，练劲贯劲。

（三）按实始用力

用掌之诀，先沾，次按，后发。如能用指尖触沾，探到敌之虚实，随即用掌按之，使其不能化转，而后贯劲掌根，吐劲发之，则敌无不应发而出。

（四）吐气须开声

发劲取敌，须配合吐气开声，“掌实即须吐，发声使惊怪”。声发“嘿”音，舒气助劲，且突然开声发劲，能令敌心惊，惊则神散意分，此时我掌力着敌，恰到妙处，最易杀伤。

（五）推宜朝上起

用掌取敌，如欲敌离地飞起向后跌出，则宜取敌心窝以下、肚脐以上部位。推发先探虚实，然后缩身下坐，双肘下坠，掌心按实，劲运掌根，大喊“嘿”，吐气助劲，双掌根向上推，则敌必离地而起，往后飞出。

如欲敌后仰跌出，则宜取敌咽喉以下、心窝以上部位，发劲之先，探定虚实，然后伸身沉气，沉肩坠肘，劲运掌根，配合身向下压之势，大喊“嘿”，吐气助劲，掌根连前臂一齐下沉，则敌必上身后仰而跌。

（六）紧迫短马蹬

紧迫者，彼退我进，紧随不舍。短马者，迫近之步法。盖紧迫而后出掌得力，短马而后可以自顾。蹬者，指施掌发劲之际，须配合后马之蹬劲，方能发劲猛烈。

（七）三字沾按吐

沾者，指探；按者，掌捉；吐者，发劲。

（八）都用小天星

小天星者，即掌根，位于尺骨之端，尾指沿下之锐骨。小天星取人，以七坎、期门、章门、精促等各穴最妙。都用小天星者，即柳叶掌法。而内家之印掌，则以掌心发人为宗。

第三节 铁掌技击绝招

一、僧侣敲钟

1. 敌我对峙。(图4－25，我为左方)

图4－25

图4－26

2. 敌右脚进步，右拳向我面部打来，我沉身避过其拳。(图4－26)

3. 我在沉身避过敌拳锋芒后，左掌拍压敌右腕外侧并往下按。（图 4 – 27）

4. 右掌随即翻出，劈击敌左侧太阳穴。（图 4 – 28）

图 4 – 27

图 4 – 28

5. 紧随着，左掌反背掌，摔击敌面部。（图 4 – 29）

6. 右掌再度出击，印击敌面部。三掌一气呵成，把敌击溃。（图 4 – 30）

图 4 – 29

图 4 – 30

二、刘海砍樵

1. 敌我对峙。（图 4－31）

图 4－31

2. 敌左垫步而上，右拳冲击我面部；我见其势猛，后退右脚一步，后仰身避其锋芒，同时左掌翻格敌右腕内侧。（图 4－32）

图 4－32

3. 动作不停，我左掌向下反压敌右腕，右掌挥臂劈击敌前额眉心。（图 4－33）

图 4－33

4. 右掌一转腕，抖掌连环切击敌颈部左侧颈动脉，把其打倒。（图 4－34）

图 4－34

三、张飞捆猪

1. 敌我对峙。（图 4－35）

图 4－35

2. 敌左脚上步，冲出左拳打我面部；我略收左脚，右偏身，左掌反拍敌左腕外侧。（图 4－36）

图 4－36

3. 动作不停，我左掌屈指扣抓敌左腕，右脚勾踢敌左脚跟，右掌横切敌咽喉。（图 4－37、图 4－38）

图 4－37

图 4－38

4. 敌一倒地，我右弓步俯身，左掌乘势劈击敌右侧耳门或太阳穴。（图 4－39、图 4－40）

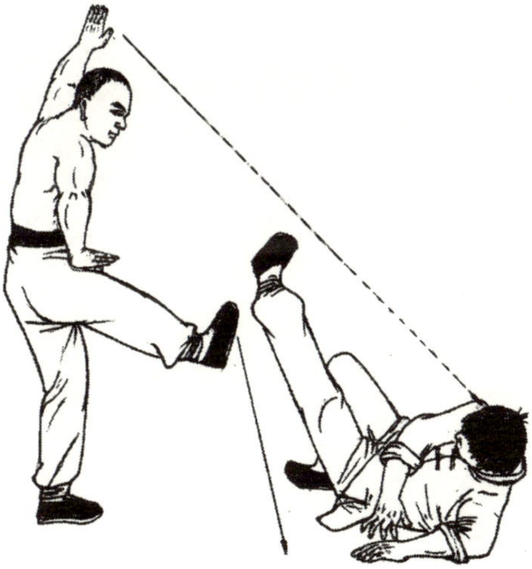

图 4－39

图 4－40

四、推山入海

1. 敌我对峙。(图 4－41)

2. 敌进右步用双峰贯耳向我攻来。(图 4－42)

图 4－41

图 4－42

3. 我不退反进，双掌猛然上挑敌左右腕内侧，用滚臂劲向两侧分格。(图 4－43)

4. 动作不停，我双掌顺敌臂前推，按击敌上胸。(图 4－44)

图 4－43

图 4－44

5. 双掌掌根猛然抖劲前推，即“掌实即须吐，发声使惊怪”，一声大吼，令其提心吊胆，再加掌力推震，敌内外俱伤，瘫倒在地。(图 4－45)

图 4－45

五、黄鹰掐嗉

1. 敌我对峙。（图 4 –46）

2. 敌右脚上步，冲出右拳击打我胸部。（图 4 –47）

图 4 –46

图 4 –47

3. 我沉身避过敌拳锋芒之际，左掌勾腕格敌右腕内侧，四指压住其拳背，迅疾转腕拧翻敌拳腕。（图 4－48）

图 4－48

图 4－49

4. 动作不停，右脚上前一步，右掌成八字掌叉向敌咽喉，猛抖劲推击。（图 4－49）

5. 紧接着，左脚进步，左掌推击敌膻中穴（或鸠尾穴），将其打倒。（图4－50）

图4－50

六、咬金劈柴

1. 敌我对峙。（图4－51）

图4－51

2. 敌右撩阴脚踢向我裆部。（图 4－52）

3. 我右步后摆，一偏身避过敌脚锋芒，左掌迅疾砍敌右脚踝关节。（图 4－53）

图 4－52

图 4－53

4. 左掌往上一挑，右掌劈击敌面部。（图 4－54）

图 4－54

七、鞭风刮雪

1. 敌我对峙。(图4－55)

图4－55

2. 敌左脚上前一步，右拳打向我胸部。(图4－56)

3. 我右脚退步避开其拳锋芒，上翻左掌拍格敌右腕内侧。(图4－57)

图4－56

图4－57

4. 左掌扣指抓住敌右腕向后一带，右脚上步，右肘横击敌左耳门。（图 4 – 58）

图 4 –58

5. 动作不停，左手松脱成掌，横砍敌右耳门。（图 4 – 59）

6. 我沉身，右掌再度出击，横切敌右肋，将敌彻底击败。（图 4 – 60）

图 4 –59

图 4 –60

八、大鹏展翅

1. 敌我对峙。（图 4－61）

图 4－61

2. 敌左脚上步，左冲拳打向我面部；我右脚退一步，左掌拍格敌左腕外侧。（图 4－62）

图 4－62

3. 我左掌迅疾扣指抓拉敌腕，右脚上步于敌左脚后侧，右掌臂随上步劈压敌左肘臂，使敌左臂受伤。(图 4－63)

4. 我右臂一劈压后，即反臂上挥，以掌背为力点摔击敌面部。(图 4－64)

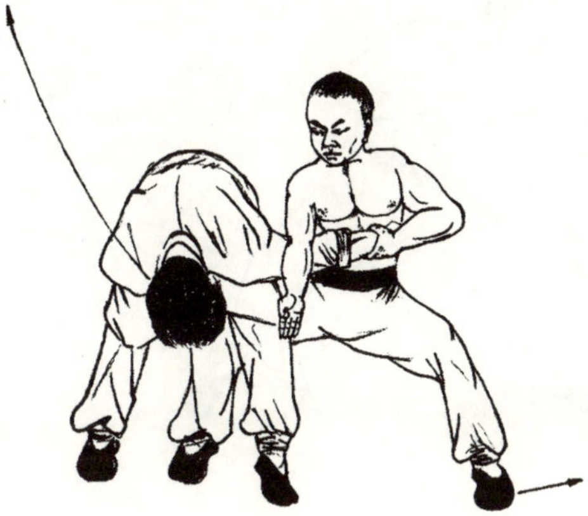

图 4－63

图 4－64

5. 借敌负痛仰身，我一收右步，右掌顺势下捞敌左脚跟。(图 4－65)

图 4－65

6. 反手将敌左腿一抛，右脚上步，右掌横推敌小腹，将其彻底打倒。（图 4 - 66）

图 4 –66

九、白蛇吐信

1. 敌我对峙。（4 –67）

图 4 –67

2. 敌右脚上步，左拳冲出打我面部；我在后滑步避其锋芒之际，左掌俯掌前插，以左臂外侧格敌左臂外侧。（图 4－68）

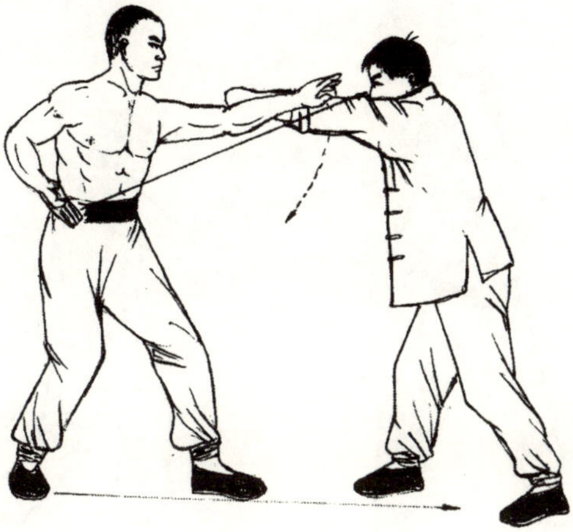

图 4－68

3. 我左臂贴住敌左前臂外侧，随即屈指勾腕踏压敌肘关节往下一压，同时右掌成插掌插击敌咽喉。（图 4－69）

4. 动作不停，上身一沉，右掌往下一翻，横推敌胸部膻中穴，将其打翻。（图 4－70）

图 4－69

图 4－70

十、二龙抢珠

1. 敌我对峙。(图 4－71)

图 4－71

2. 敌左脚前移步，冲出左拳击打我面部；我左脚略收步，上翻左掌格抓住敌左腕。(图 4－72)

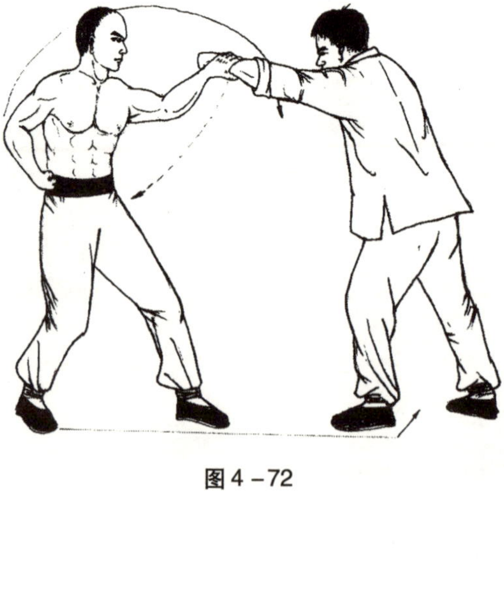

图 4－72

3. 左手抓住敌腕猛地往下一拽，右脚上步于敌身后，右臂屈肘猛然砸压敌左臂。(图 4－73)

4. 右肘一砸，迅速伸臂反压敌上胸。(图 4－74)

图 4－73

图 4－74

5. 左手成二龙指，随势插向敌双目。(图 4－75)

6. 右掌按住敌胸膻中穴，猛地一抖劲，将敌震跌于地。(图 4－76)

图 4－75

图 4－76

十一、毒龙探穴

1. 敌我对峙。(图 4－77)

图 4－77

2. 敌左脚上进一步，左拳向我胸部击打时；我速退右脚一步，左掌拍格敌左腕外侧。(图 4－78)

3. 我左掌扣指抓握敌左腕往下一带，右脚上前一步，右掌插击敌右胁部。(图 4－79)

图 4－78

图 4－79

4. 动作不停，右掌向外翻，格开敌左臂；松开左掌，拥身横拍敌右侧太阳穴。（图 4－80）

图 4－80

5. 紧接着，前滑步，右掌插向敌右肋部。三度重击，致敌重创倒地。（图 4－81）

图 4－81

十二、狂风扑面

1. 敌我对峙。（图 4－82）

图 4－82

2. 敌左脚上前一步，用左掌拍向我面部；我迅疾坐身，左掌切格敌肘弯内侧，将其攻击掌化开。（图 4－83）

3. 左脚向敌裆前上步，右掌格敌左腕内侧，替出左掌；同时，左掌仰掌插向敌双目。（图 4－84）

图 4－83

图 4－84

4. 左掌连击，迅疾翻掌以掌根为力点托击敌下巴，将其打倒。（图 4－85）

图 4－85

十三、拦腰斩蛇

1. 敌我对峙。（图 4－86）

图 4－86

2. 敌左脚上前一步，右拳冲出击打我面部；我左脚后撤一步，避开敌拳锋芒之际，右掌反格推敌右前臂外侧。（图 4－87）

图 4－87

3. 左脚向前上一步，双掌顺势前按敌右胁部。（图 4－88）

图 4－88

4. 双掌一按劲，随即提掌砍切敌右肋，致其肋伤倒地。（图 4 – 89）

图 4 –89

十四、搜裆锁喉

1. 敌我对峙。（图 4 – 90）

图 4 –90

2. 我右脚猛然上步，右掌插向敌咽喉。(图4－91)

图4－91

图4－92

3. 敌用右掌托住我右肘关节，使我的攻击失效。(图4－92)

4. 我右掌迅疾勾腕下压，右脚撩击敌裆。（图 4－93）

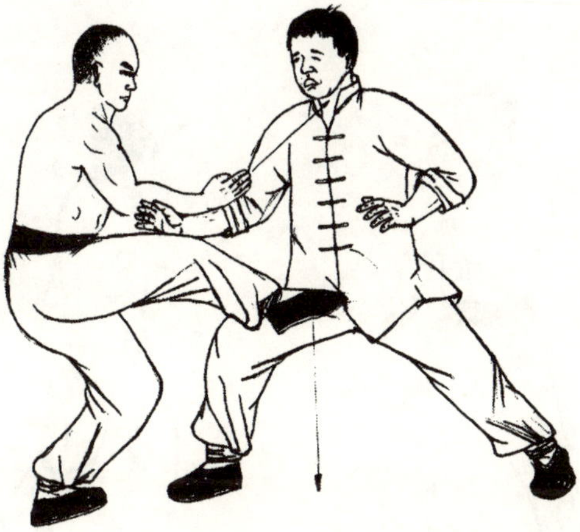

图 4－93

5. 敌裆部受踢，失去攻防能力的刹那，我右脚落步拥身，右手成八字掌叉推敌咽喉，扣指捏紧，将敌制服。（图 4－94）

图 4－94

十五、叶底摘桃

1. 敌我对峙。(图 4－95)

图 4－95

2. 敌右脚上一步，右冲拳击打我面部；我左脚后撤一步，右掌上提，格敌右前臂外侧。(图 4－96)

图 4－96

3. 右掌反压敌右前臂，同时左前臂下砸敌右前臂近肘弯处。（图 4－97）

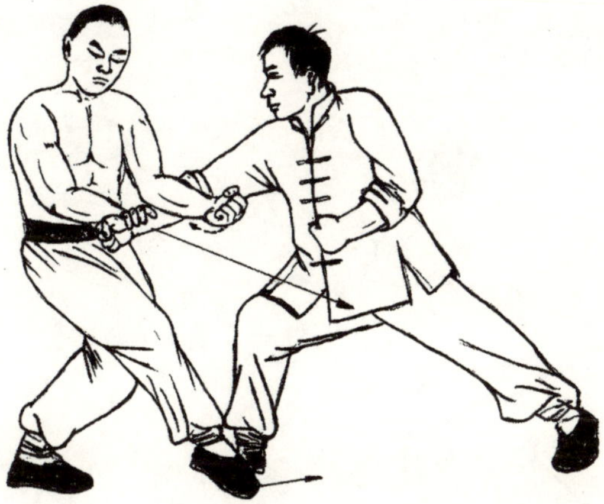

图 4－97

4. 右脚前移步，左前臂往下向后格落敌右前臂；同时，拥身以右掌背弹打敌裆。（图 4－98）

图 4－98

十六、铁掌开碑

1. 敌我对峙。（图 4－99）

图 4－99

2. 敌右脚进步，右拳冲击向我胸口；我右掌向左横切，击打敌右前臂内侧。（图 4－100）

图 4－100

3. 右掌切击化开敌右拳之际，顺势抖掌前推，击打敌上胸。（图 4－101）

图 4－101

4. 动作不停，左脚上步攻入敌裆前，左掌再度推击敌上胸，将其打翻。（图 4－102）

图 4－102

十七、雪花盖顶

1. 敌我对峙。（图 4－103）

图 4－103

2. 我右脚猛进一步，同时右掌推击敌面部；敌后撤左脚一步，右臂上穿，格住我右前臂外侧，化去我的攻击。（图 4－104）

图 4－104

3. 我右掌贴着敌右臂反格，左脚上前一步，左掌猛地圈按敌后脑，使其佝身低头。（图 4－105）

图 4－105

4. 动作不停，我右掌迎着敌俯下的面部托击，将其必仰身而跌。（图 4－106）

图 4－106

十八、火焰金镖

1. 敌我对峙。(图 4－107)

图 4－107

2. 敌右脚上步，右冲拳击打我胸部；我上身稍右偏，右前臂内裹，格住敌右前臂内侧。(图 4－108)

图 4－108

3. 动作不停，右拥身，右掌以掌背为力点向前摔出，击打敌面部。（图 4 - 109）

图 4 - 109

4. 敌沉身避过我摔掌，用左拳击打我腹部；我上身略右旋，右前臂下压外格化开敌左拳。（图 4 - 110）

5. 动作不停，右掌迅疾向前推出托击敌下颌，并印掌击其咽喉，致敌仰面倒地。（图 4 - 111）

图 4 - 110

图 4 - 111

十九、反挥铁扇

1. 敌我对峙。(图 4 – 112)

图 4 – 112

2. 敌右脚进步，右拳顶击我面部；我上体向左偏倒，避过敌拳的攻击。(图 4 – 113)

图 4 – 113

3. 我在避开敌拳的刹那，右掌上翻挂住敌腕，并屈肘压住其右拳臂于我身右后侧，左掌劈击其右上臂外侧。（图 4－114）

图 4－114

4. 动作不停，左掌内圈下压敌右臂，右掌从左掌上方摔出，击打敌右耳门。（图 4－115）

图 4－115

二十、顺藤摸瓜

1. 敌我对峙。(图 4－116)

图 4－116

2. 敌左脚猛然上进一步，左冲拳击打我面部；我身体略向左偏转，用右前臂滚劲格敌左前臂外侧。(图 4－117)

3. 动作不停，右手屈腕向后勾带敌左前臂，左掌从敌左前臂上方插至其颈后。(图 4－118)

图 4－117

图 4－118

5. 接着，左掌反勾切击敌后脑，并向下压带；同时，提起左膝撞击敌小腹。（图 4－119）

图 4－119

二十一、白虎洗脸

1. 敌我对峙。（图 4－120）

图 4－120

2. 敌左脚进步，左冲拳打向我面部；我略收左脚，上挑右掌，以右前臂向外格挡敌左腕内侧。(图 4－121)

3. 动作不停，我左掌下压，右掌成抓掌扑击敌面部：食中二指抠敌双眼，掌根震击敌鼻部。(图 4－122)

图 4－121

图 4－122

4. 紧接着，两手猛地发力，同时向前推击敌胸部，怒吼一声，有如虎扑，将敌打飞跌出。(图 4－123)

图 4－123

二十二、青龙寻宝

1. 敌我对峙。（图4－124）

图4－124

2. 敌左脚上进一步，左冲拳击打我胸口；我待他拳来，突然摆身用右前臂外旋格挡敌左前臂外侧。（图4－125）

图4－125

3. 在我一格之下，敌必屈臂，我即旋臂顺其臂下压。（图 4－126）

图 4－126

4. 右掌顺势下插敌小腹或裆部。（图 4－127）。

5. 连击不停，上翻横切敌面部。（图 4－128）

图 4－127

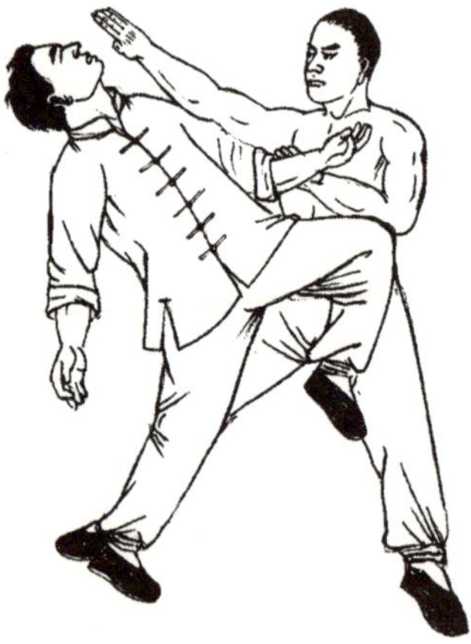

图 4－128

二十三、推山入海

1. 敌我对峙。（图4－129）

图4－129

2. 敌左脚上进一步，左拳向我头部打来；我略后滑步，偏身避过敌拳锋。（图2－130）

3. 接着，右脚跨进敌裆下，右掌上翻摔击敌面部。（图4－131）

图4－130

图4－131

4. 此时，敌上身必向后仰，胸腹部将暴露给我，我乘机跪步双掌推击敌小腹，发抖劲，一声大吼，将敌打翻于地。(图 4－132)

图 4－132

二十四、霸王敬酒

1. 敌我对峙。(图 4－133)

图 4－133

2. 敌右脚进步，右拳向我上胸冲来；我右掌扬起格敌右腕外侧。（图 4－134）

3. 右掌迅速扣抓敌腕，左掌扶敌右臂外侧向我右后侧牵带，并进右步靠近敌身体。（图 4－135）

图 4－134

图 4－135

4. 动作不停，我左手继续压制敌右臂，使其不能回转，处于背势，随即以右掌猛地托击敌下巴。（图 4－136）

5. 紧接着，右掌转掌用掌根印击敌喉部，将其击倒于地。（图 4－137）

图 4－136

图 4－137

二十五、仙人摘茄

1. 敌我对峙。（图 4－138）

图 4－138

2. 我左垫步进身，右掌上扬虚晃之际，右脚踏击敌左膝。（图 4－139）

3. 敌在我右脚踏击前佝身之际，我右掌反背摔击敌面部。（图 4－140）

图 4－139

图 4－140

4. 我乘敌仰身之际，右掌下翻，拍抓敌裆部。（图 4－141）

图 4－141

5. 若敌尚未倒地，我右脚勾住敌左脚跟往前一带，使其跌倒。（图 4－142）

图 4－142

二十六、手捧莲花

1. 敌我对峙。(图 4－143)

图 4－143

2. 敌左脚上进一步，同时以双峰贯耳攻向我头部；我略一缩身，双掌上挑，格住敌双腕内侧，化去敌的攻击。(图 4－144)

3. 动作不停，我一格住敌腕，迅疾分张双掌，勾腕压敌双臂；同时，提左膝撞击敌小腹。(图 4－145)

图 4－144

图 4－145

4. 紧接着，左脚向前落步，逼敌上体后仰之际，我双掌猛地向内合切，用掌根夹击敌两耳根，将其彻底击败。（图 4 – 146）

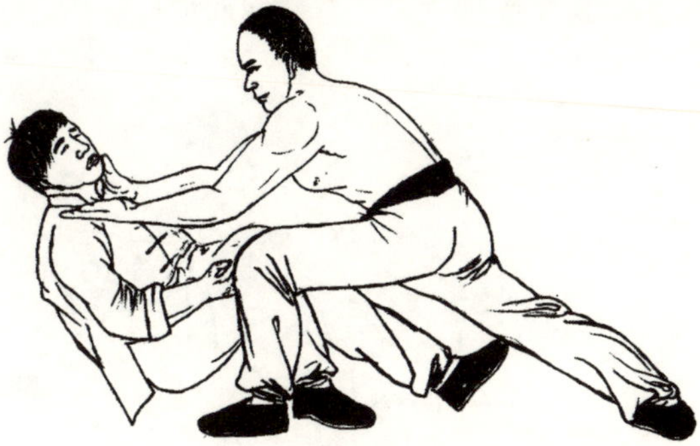

图 4 – 146

二十七、左右开弓

1. 敌我对峙。（图 4 – 147）

图 4 – 147

2. 我左垫步进身，右臂屈肘撞向敌胸部。（图4－148）

图4－148

3. 我不管敌是退，还是用手来阻截，右掌即顺势反背掌摔击敌右耳门。（图4－149）

4. 动作不停，右掌一收，左掌迅疾掴向敌右耳门，将其打倒于地。（图4－150）

图4－149

图4－150

第五章　少林连环掌

少林连环掌，又名“砂手掌”，是顾汝章宗师擅长的少林派正宗掌法之一。

此掌法刚柔相济，动静分明，虚实结合，招式清晰，上下一致，势势相连。技法上讲究形神兼备，意力并重，内外合一。长期练习，不但可获体质增强、身手矫健之益，还能得技击实战之能力，达体用兼备之目的。

一、霸王开弓

1. 两脚并步，正身直立，两臂自然下垂于体侧，二目平视前方。（图5－1）

2. 两手成掌，由体侧直臂经前上举，在体前屈肘交叉，左手在外，右手在里，两掌心均向前，指尖向上，二目平视前方。（图5－2）

3. 两掌由体前向左右两侧分开，伸臂成一字平肩状，两掌指尖均向上，掌心向外，目视左斜前方。（图5－3）

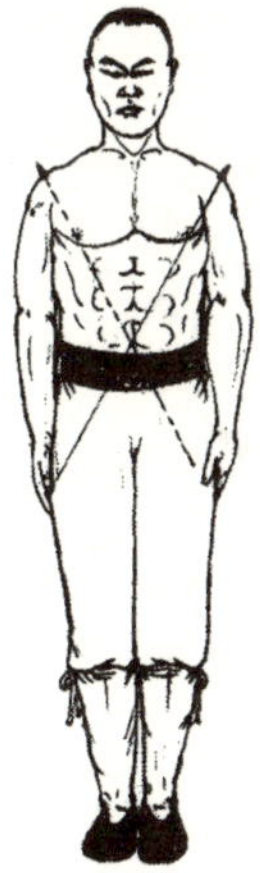

图5－1

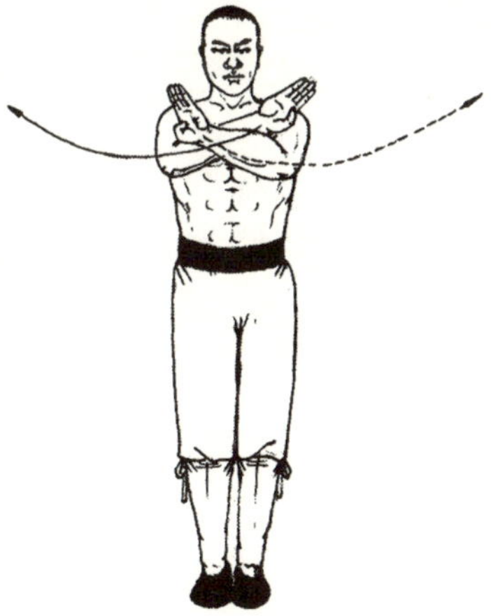

图5－2

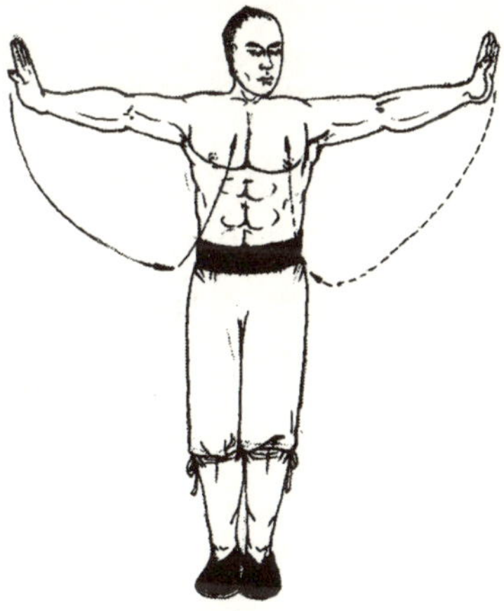

图5－3

二、霸王卸甲

1. 两掌由两侧下落，两臂内旋经腰际屈肘向前穿出，两掌心向上，高与肩平，指尖向前，目视前方。(图5－4)

2. 两掌由前下落，两掌背拍击大腿后，从体后向上画弧，在肩上屈肘，然后向前下按掌于体前，两掌心向下，指尖相对，目视左斜前方。(图5－5)

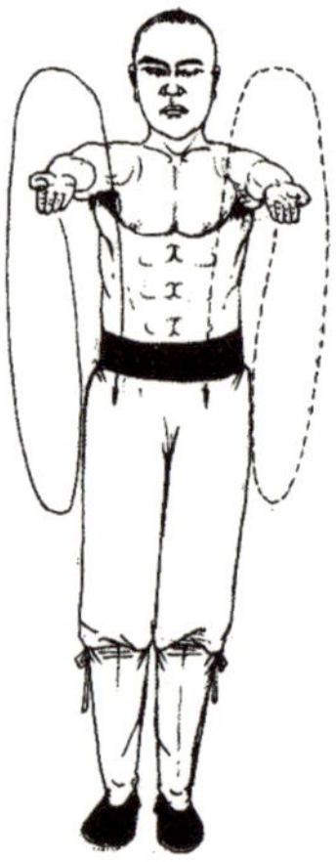

图5－4

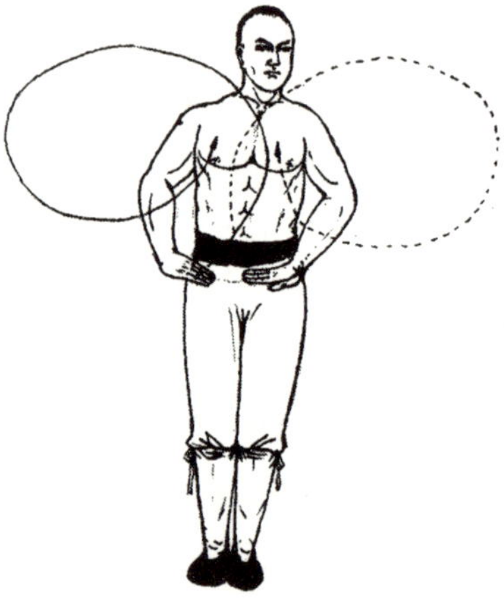

图5－5

三、虞姬照镜

两臂伸直前举，胸前交叉（左臂在外，右臂在里，两掌心均向前），再向左右两侧抡臂分开，然后两臂外旋，屈肘向胸前捧起，两掌心向面部，掌背向前，指尖向上，同时，屈膝半蹲，两膝夹紧，上体略前倾，目视两掌心。(图5－6)

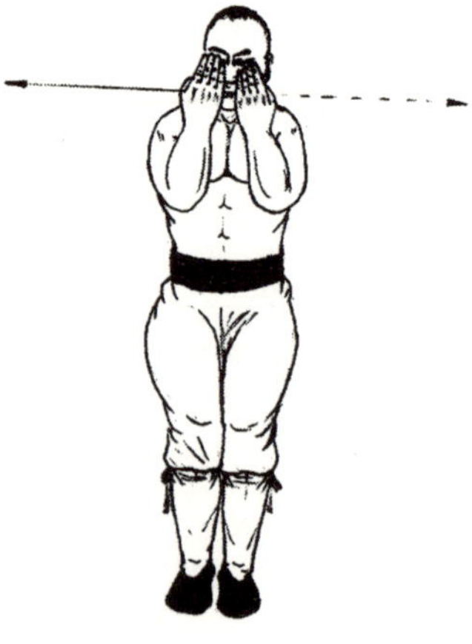

图5－6

四、二郎担山

下盘动作不变，两前臂外旋翻掌，向左右两侧立掌平推至臂平于肩，两掌心向外，二目平视前方。（图 5－7）。

五、双龙戏珠

下盘动作不变，两臂内旋屈肘，两掌向中间斜削，左掌在前，右掌在后，右掌小指靠于左前臂内侧，两掌心均斜向上，目视左掌。（图 5－8）

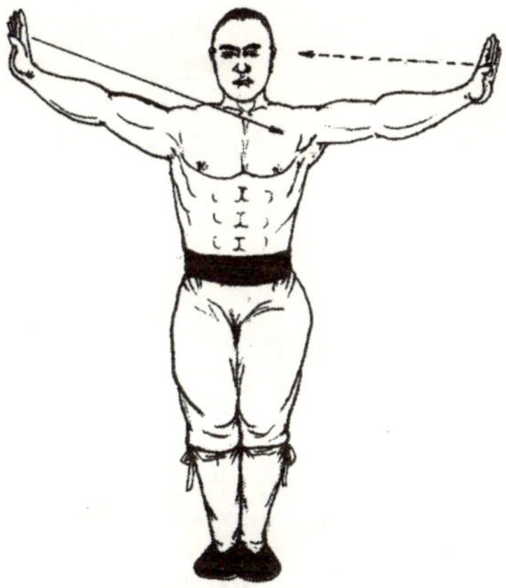

图 5－7

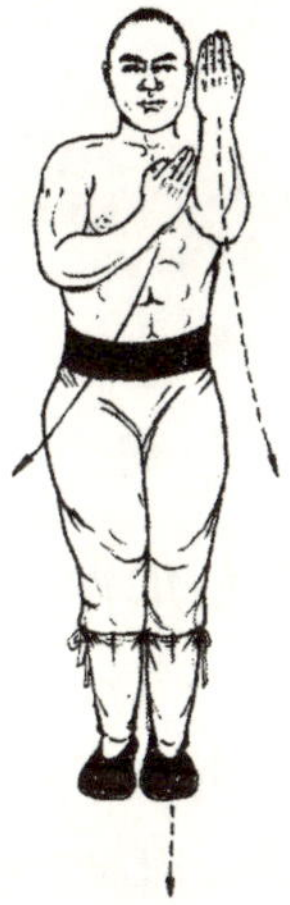

图 5－8

六、霸王撩衣

1. 上体稍起，左脚向前一步，左腿屈膝半蹲，同时，两臂由前经大腿外侧伸直后摆，两掌心向前，二目平视前方。（图 5－9）

2. 右脚向前上一步，右腿屈膝半蹲，同时，两掌由体后继续向上、向前画弧，两掌心向前，目视正前方。（图 5－10）

3. 左脚跟进一步与右脚并拢，两腿伸直，同时，两臂继续向体侧伸直下摆，于体后屈腕撮指成反勾手，指尖向上，二目平视前方。（图 5－11、图 5－11 附）

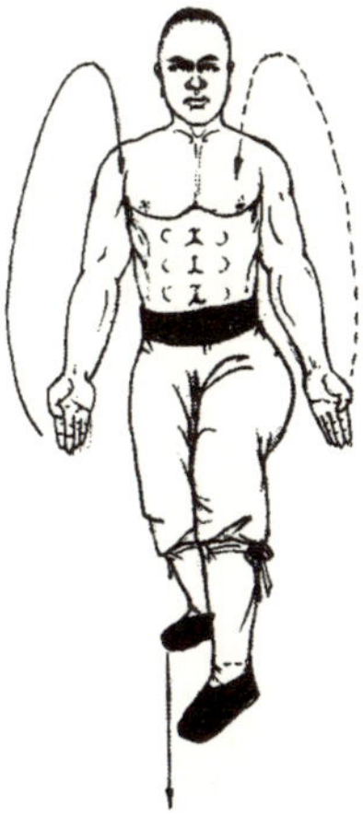

图 5－9

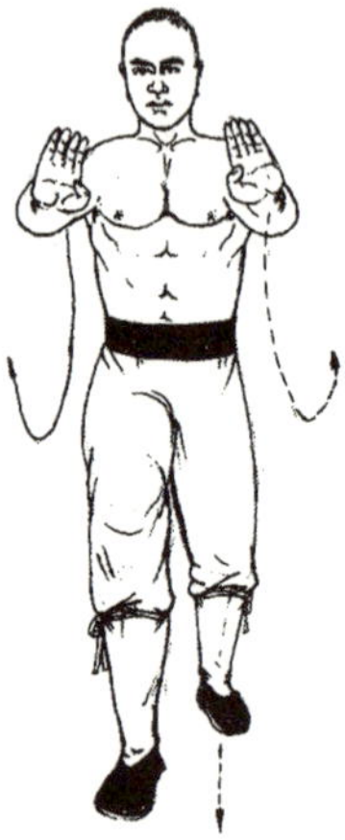
图 5－10

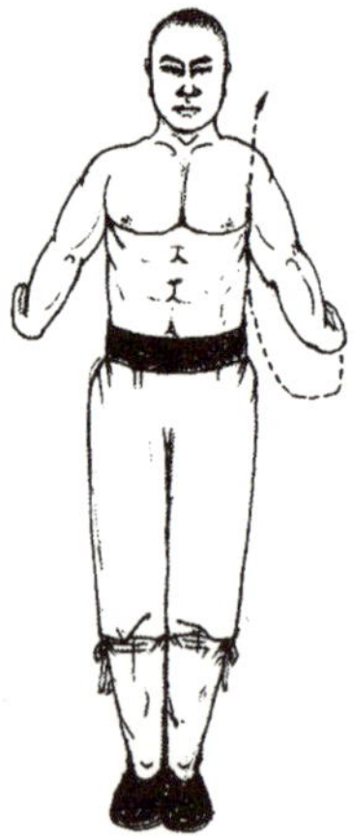
图 5－11

图 5－11 附

七、黑虎掏心

1. 两脚不动，上体略右转，左勾手变掌，左臂内旋，左掌由体后经腰间向前快速推击，力达小指侧，掌心向前，目视左掌。（图 5－12）

2. 上体略左转，右勾手变掌，右臂内旋，右掌由体后经腰间向前快速推击，力达小指侧，掌心向前，同时，左臂直臂下落于体后，左掌成反勾手，指尖向上，目视右掌。（图 5－13）

图 5－12

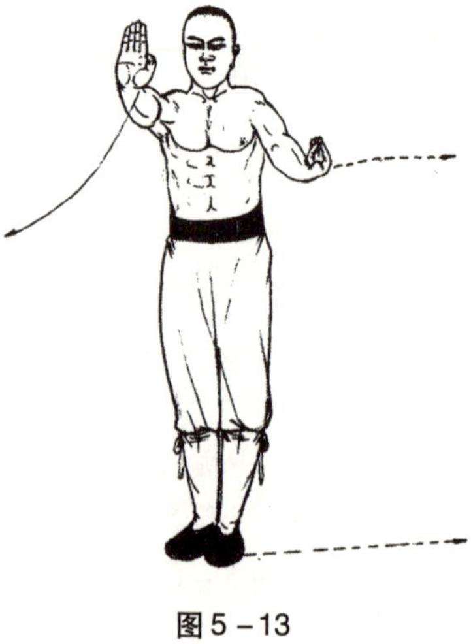
图 5－13

八、哪吒擒龙

1. 左脚向左跨一步，上体随之左转，左腿屈膝，脚尖向前，同时，左勾手变掌，左臂外旋，左掌由后经左向前画弧平抹，于体前抖腕，掌心向前；右臂内旋，右掌由前向后下落于体后，拇指侧向下，目视左掌。（图 5－14）

2. 右脚在左脚旁震脚并拢，两腿屈膝半蹲，同时，右臂内旋由后经腰间向前立掌推出，掌心向前；左掌屈肘向后平收于右腋下，掌心向下，指尖向右，目视右掌。（图 5－15）

图 5－14

图 5－15

九、白猿献果

1. 上体略前倾，右腿屈膝稍上提，然后在左脚内侧旁用力向下震脚，落地时右脚脚尖稍外撇，斜向右侧；左脚随即向左后挪半步，脚尖点地，膝微屈，同时，右掌变拳，屈肘向后收于腹前，拳背斜向上；左掌向后摆于身体左侧，左臂伸直，掌心向后，拇指侧向下，二目平视前方。（图 5－16）

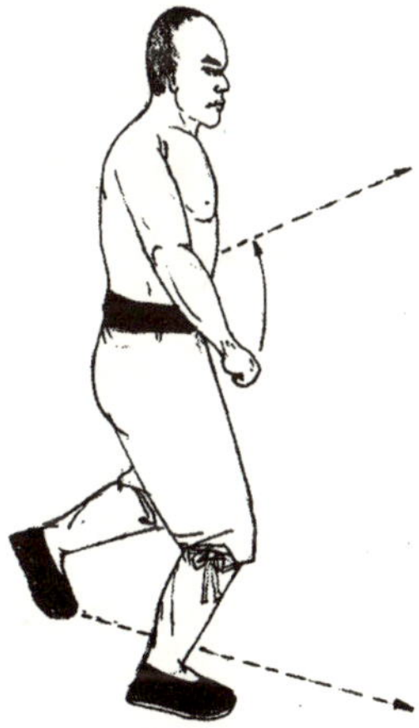

图 5－16

2. 左脚脚尖勾起，脚跟擦地，由后向前勾踢，左腿伸直，脚尖里扣斜向右，同时，左掌由后向前、向上、向左迅猛挑击，摆于体前上方，掌背向左，小指侧向前；右拳变掌随势向上摆于左肘旁，掌心向左，小指侧向前，目视左掌。（图5－17）

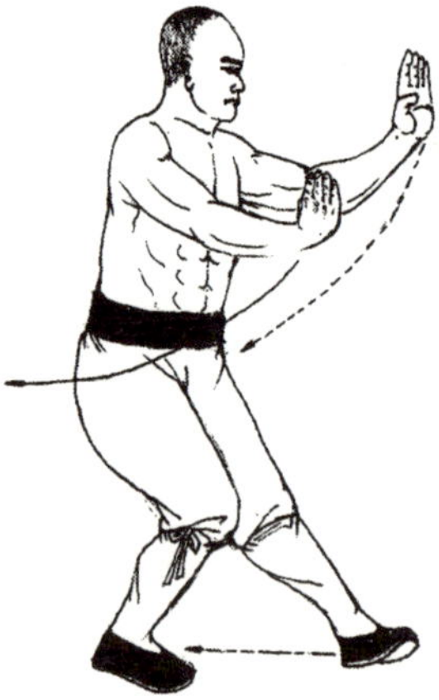

图5－17

十、顺手牵羊

上体稍含胸前倾，左腿屈膝后收，落于右腿内侧，脚尖点地成左丁步，同时，两手变拳，向后拉，左臂屈肘收于腹前，左拳眼向上；右臂伸直摆于体后，拳眼向下，二目平视前方。（图5－18）

十一、顺水推舟

左脚向前上一步成左弓步，同时，两拳变掌由体侧快速向前推击，两掌心向前，掌指向上，目视双掌。（图5－19）

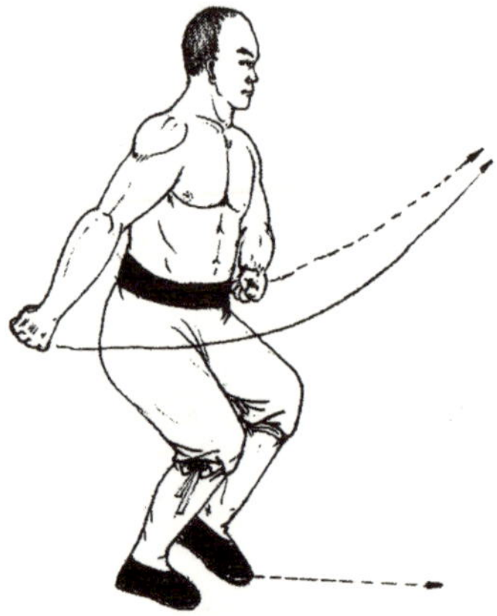

图5－18

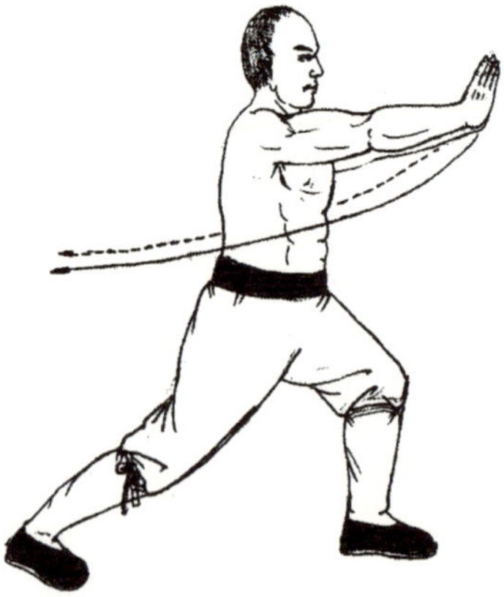

图5－19

十二、大鹏展翅

下盘动作不变，两掌由前向体后弧形勾挂成反勾手，两臂伸直摆于身体两侧，反臂向上斜举，指尖向上，二目平视前方。（图 5－20）

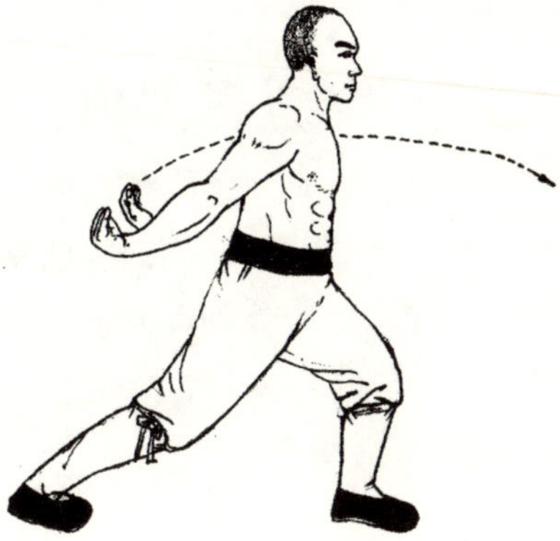

图 5－20

十三、乌龙吸水

1. 左脚脚尖内扣，上体随之略右转，左勾手变掌，由体后经左向前弧形摆于体前，小指侧向上，目视左掌。（图 5－21）

2. 身体继续右转，右脚向左脚后面插步，两腿交叉全蹲成左歇步，同时，右勾手变掌，右臂外旋，由后经腹前向下插掌，力达指尖，掌心向上；左掌向后抹于左小腿前，掌心向下，目视右掌。（图 5－22）

图 5－21

图 5－22

十四、力劈华山

两脚掌碾地，身体稍起立并向右后转，两腿屈膝半蹲成马步，同时，两掌随转体交叉举于头上方，然后分别向左右两侧迅速下劈，两臂伸直，与肩同高，掌指向上，力达于小指侧，目视右手。(图5－23)

图5－23

十五、怀中抱月

身体重心左移，右脚挪于左脚前方成右虚步，同时，两臂屈肘内旋，两掌向前斜砍，右掌在前，左掌在后，左掌小指附于右臂内侧，两掌心斜向上，目视右掌。(图5－24、图5－24附)

图5－24

图5－24附

十六、仙人指路

图 5－25

上体右转，右脚移于右侧成右弓步，同时，右掌掌背用力，由前向右弧形快速反掴，右臂伸直，略高于肩，拇指侧向上，掌心向前；左掌随势附于右上臂，掌心斜向下，目视右掌。（图 5－25）

十七、云里摸月

上体左转，右脚挪于左脚前方成右虚步，同时，左手向前平捋，臂微屈，手心向前；右臂内旋，右手翻掌，变掌心向下，再由右经前弧形向后下捋，掌心向后，目视左掌。（图 5－26）

十八、白蛇吐信

上体稍左转，右脚全脚掌着地由前弧形后滑步成左弓步，同时，左臂内旋，左手由前经身体左侧弧形向后勾捋，指尖向上；右臂外旋，右掌经腰间向前快速推击，臂伸直，与肩同高，掌指向上，目视右掌。（图 5－27）

图 5－26

图 5－27

十九、金鸡捻锁

1. 上体右转，左脚尖里扣，右脚经左脚内侧弧形绕上一步，右腿屈膝成右弓步，同时，左臂向后伸开，左手反勾，指尖向上；右臂屈肘后收，右手在体前顺时针方向画弧一周于体前外叼，虎口向前，掌心斜向下，目视右手。（图5－28）

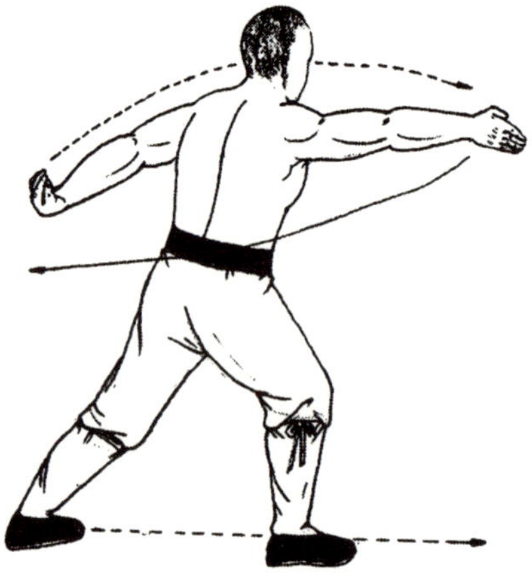

图5－28

2. 身体继续右转，右脚尖外展，左脚向前上一步，落于右脚前，左腿屈膝成左弓步，同时，左勾手变掌，由体后向左、向前弧形抹按，掌心斜向前，小指侧向上；右手继续向后画弧摆于体后，掌心向左，拇指侧向下，目视左掌。（图5－29）

3. 左弓步不变，右手由后经腰间向前快速插出成鹰爪，臂伸直，掌心向前，虎口向上；左掌屈臂向后平收于右腋下，掌心向右，目视右手。（图5－30）

图5－29

图5－30

二十、白猿献果

1. 上体略前倾，右腿屈膝稍上提，然后在左脚内侧旁用力向下震脚，落地时右脚脚尖稍外撇，斜向右侧；左脚随即向左后挪半步，脚尖点地，膝微屈，同时，右掌变拳，屈肘向后收于腹前，拳背斜向上；左掌向后摆于身体左侧，左臂伸直，掌心向后，拇指侧向下，二目平视前方。（图 5－31、图 5－31 附）

2. 左脚脚尖勾起，脚跟擦地，由后向前勾踢，左腿伸直，脚尖里扣斜向右侧，同时，左掌由后向前、向上、向左迅猛挑击，摆于体前上方，掌背向左，小指侧向前；右拳变掌随势向上摆于左肘旁，掌心向左，小指侧向前，目视左掌。（图 5－32）。

图 5－31

图 5－31 附

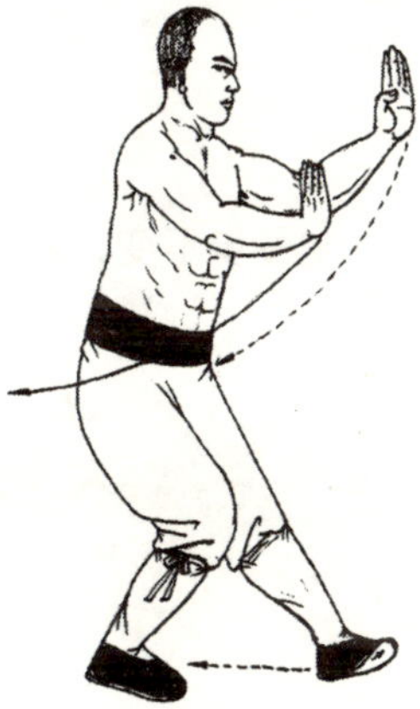

图 5－32

二十一、顺手牵羊

上体稍含胸前倾，左腿屈膝后收，落于右脚内侧前，脚尖点地成左丁步，同时，两手变拳，向后拉，左臂屈肘收于腹前，拳眼向上；右臂伸直摆于体后，拳眼向下，二目平视前方。（图 5－33）

二十二、顺水推舟

左脚向前上一步成左弓步，同时，两拳变掌由体侧快速向前推击，两掌心向前，掌指向上，目视双掌。(图 5－34)

图 5－33

图 5－34

二十三、大鹏展翅

下盘动作不变，两掌由前向体后弧形勾挂成反勾手，两臂伸直摆于身体两侧，反臂向上斜举，指尖向上，二目平视前方。(图 5－35)

二十四、乌龙吸水

1. 左脚脚尖内扣，上体随之略左转，右腿向前进步成右弓步，同时，右勾手变掌，由体后经右向前弧形摆于体前，小指侧向上，目视右掌。(图 5－36)

2. 身体继续左转，左脚向右脚后面插步，两腿交叉全蹲成左歇步，同时，左勾手变掌，左臂内旋，由后经腹前向下插掌，力达指尖，掌心向上；右掌向后抹于左小腿前，掌心向下，目视左掌。(图 5－37、图 5－37 附)

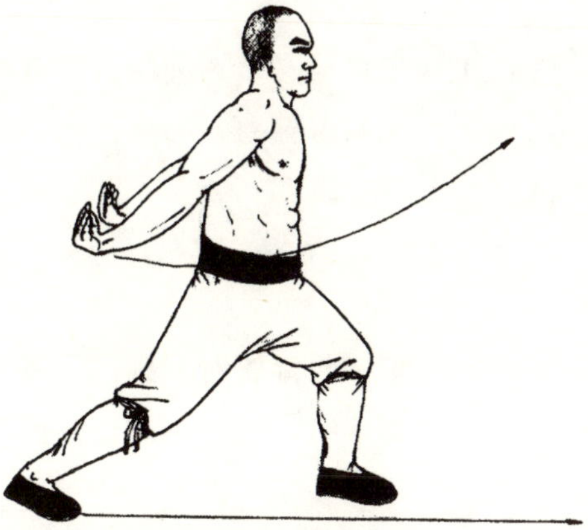

图 5－35

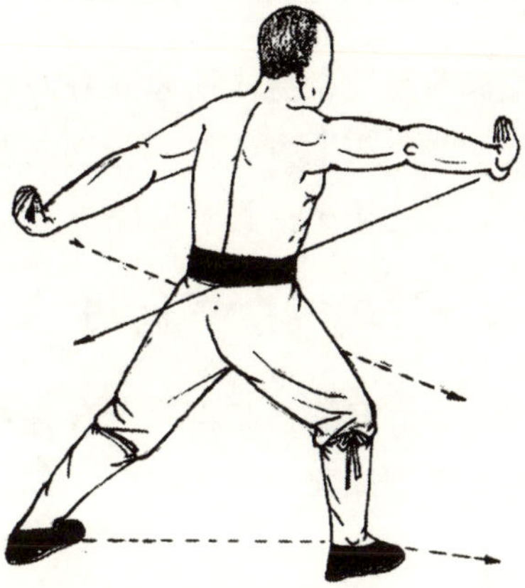

图 5－36

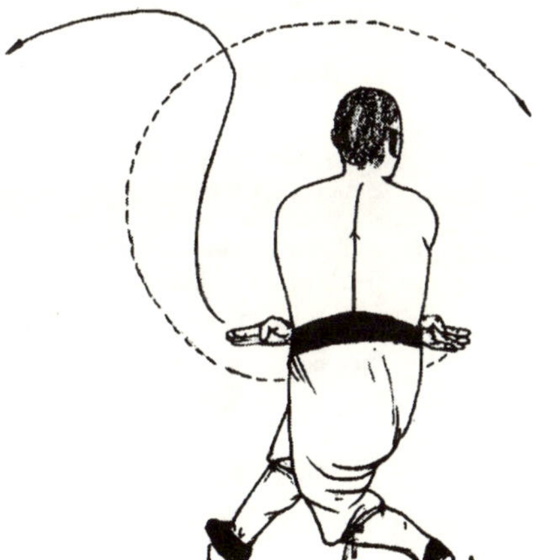

图 5－37

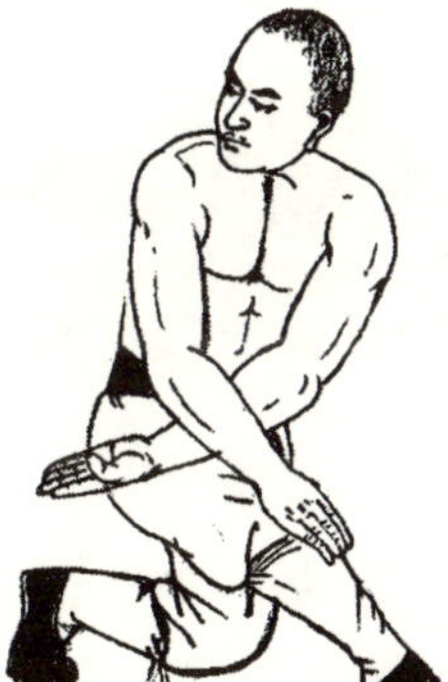

图 5－37 附

二十五、力劈华山

两脚掌碾地，身体稍起立并向右后转，两腿屈膝半蹲成马步，同时，两掌随转体交叉举于头上方，然后分别向左右两侧迅速下劈，两臂伸直，与肩同高，掌指向上，力达于小指侧，目视左手。（图5－38）

二十六、怀中抱月

身体重心右移，左脚挪于右脚前方成左虚步，同时，两臂屈肘外旋，两掌向前斜砍，左掌在前，右掌在后，右掌小指附于左臂内侧，两掌心斜向上，目视左掌。（图5－39）

图5－38

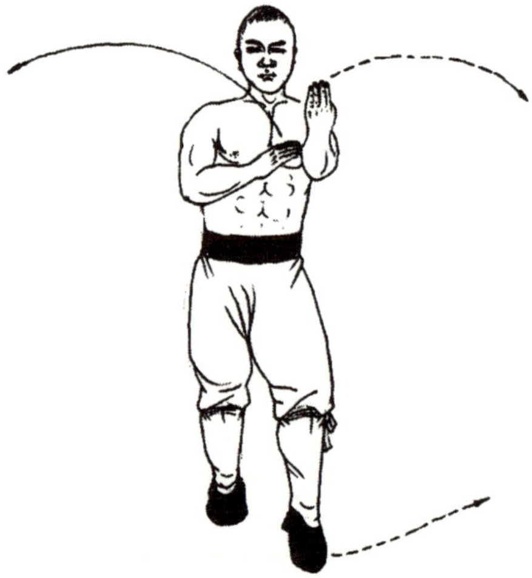

图5－39

二十七、犀牛分水

左脚向左后移半步，两腿屈膝半蹲成马步，同时，两掌由胸前经上向左右两侧猛劈，两臂伸直，与肩同高，掌指向上，力达小指侧，目视左掌。（图5－40）

二十八、白猿偷桃

身体左转，右脚随之向前上一步落于左脚前方成右虚步，同时，右掌变拳，右臂屈肘外旋，由右侧向前里格，拳心向后，左掌屈肘抱于右腕，目视右拳。（图5－41）

图5－40

图5－41

二十九、凤舞龙腾

右腿屈膝提起向前弹出，高与腰平，力达脚尖，左膝微屈，同时，右拳变掌，与左手一起由体前向体后弧形勾挂，两臂伸直摆于身体两侧反臂向上斜举成反勾手，指尖向上，目视右脚。（图5－42）

图5－42

三十、龙腾虎跃

右脚向前落地，左腿随即向上摆起，右脚继之迅速蹬地，身体腾空而起，右腿迅速向前弹踢，腿高于腰，力达脚尖，同时，两手变拳，由后向前上方弧形横击，臂微屈，拳眼斜向下，目视两拳。（图 5 – 43）

图 5 – 43

三十一、泰山压顶

左脚向下落地，右脚随即落于左脚前，右脚尖里扣，上体略左转成右弓步，同时，右拳下落在体前，沿顺时针方向画弧一周后向前反扣，臂微屈，拳面向上；左拳变掌套过右臂后再变拳，屈肘落于右胸前，拳心向下，目视右拳。（图 5 – 44）

三十二、力拽虎尾

左脚向后退半步，右脚亦向后拖半步成右虚步，同时，两拳先松开再紧握用力后拉，屈肘摆于腹前，左拳拳心向右，右拳拳心向左，目视两拳。（图 5 – 45）

图 5 – 44

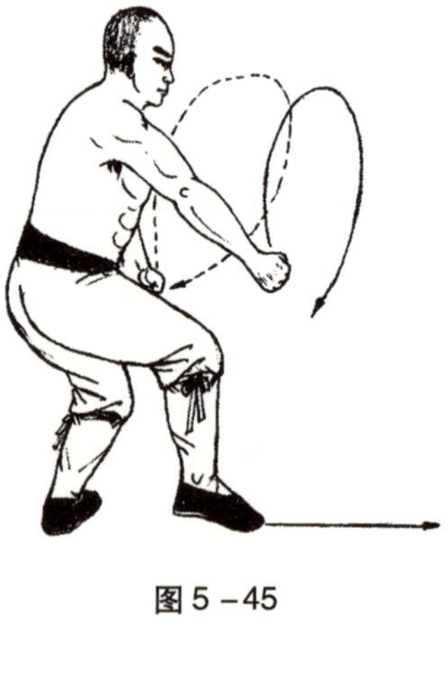

图 5 – 45

三十三、烘云托月

1. 右脚向前上半步成右弓步，同时，两拳变掌，经胸前交叉（左手在下，右手在上）上举于头上方，然后向两侧分掌，屈肘收于腰间，两掌掌心向前，目视前方。（图5－46）

2. 两脚向前滑半步，右弓步不变，同时，两掌由腰间向前平托，两掌掌心向前，掌指向下，目视两掌。（图5－47）

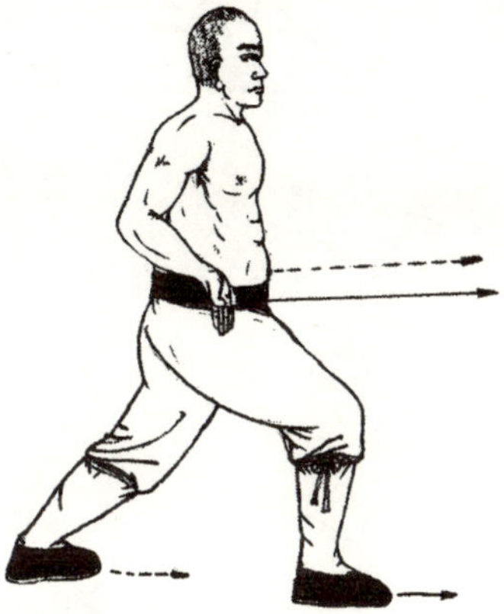
图5－46

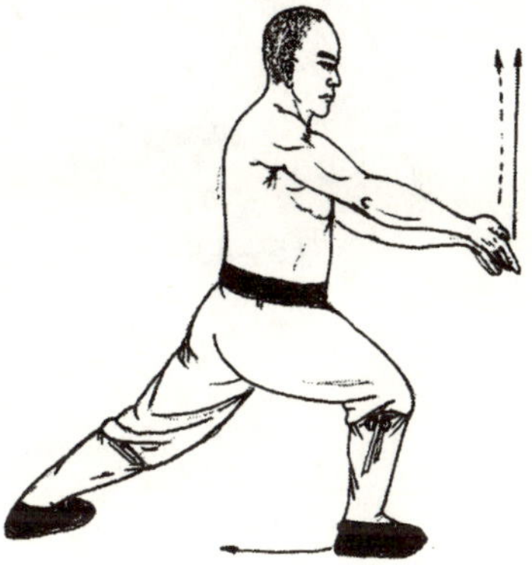
图5－47

三十四、狂风摆柳

1. 身体重心后移，右脚向后挪半步，脚尖虚点地面；左腿屈膝，同时，两臂内旋上抬，在体前用右掌掌背拍左掌掌心，两掌心均向下，目视两掌。（图5－48）

2. 上体略后仰，右脚脚尖勾紧，向左侧踢起，经面前向右侧上方外摆，同时，两手先左后右用掌心击拍右脚背，目视右脚。（图5－49）

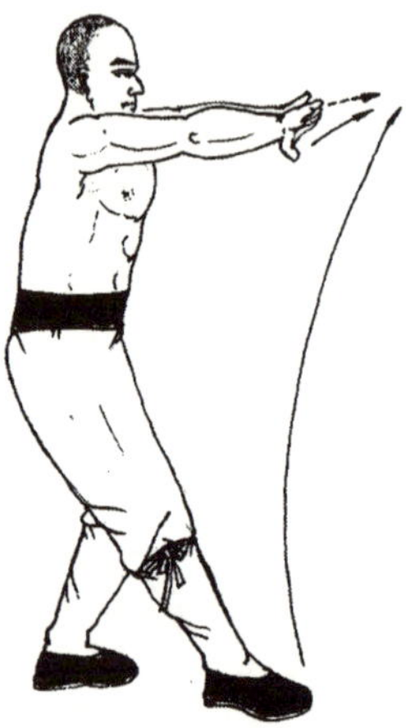

图 5 -48

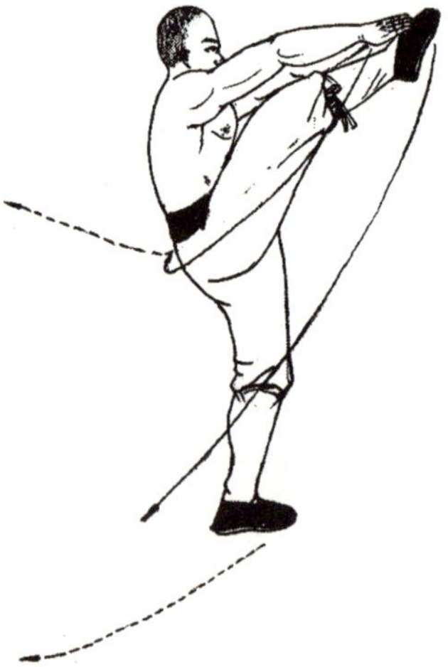

图 5 -49

三十五、韦驮献杵

右脚向后落步，身体右转约 270 度，右腿屈膝成右弓步，同时，右手手心向下，右臂伸直向右画弧搂手，屈肘握拳收于腰间，拳心向上；左手成掌下落经腰间向左侧用力推出，臂伸直，与肩同高，掌指向上，掌心向左，目视左掌。(图 5 -50)

图 5 -50

三十六、渔翁撒网

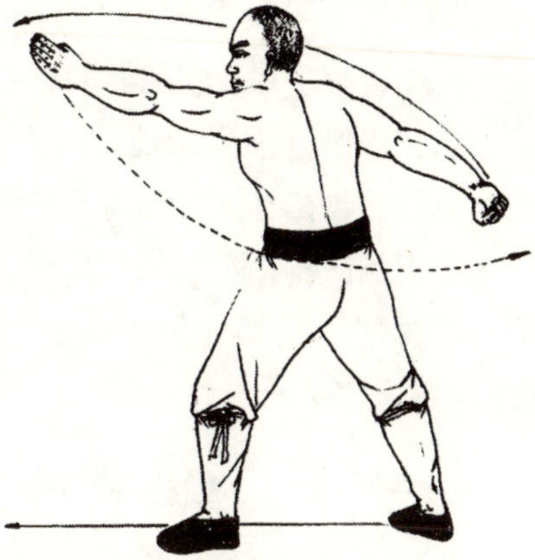

图 5－51

1. 左脚经前向左弧形上步，左腿屈膝，同时，左臂下落经体前画弧一周，左掌用掌背向左侧反搧，臂伸直，掌心向右；右拳后伸，臂内旋，反臂伸于体后，拳眼向下，目视左掌。（图 5－51）

2. 身体左转，右脚向前上一步成右弓步，同时，右拳变掌，由体后向前伸臂搧掌，掌心向左，稍高于肩；左掌下落变拳，左臂内旋，伸直摆于体后，拳眼向下，目视右掌。（图 5－52）

3. 右掌由前下落于体前，然后屈肘上抬，快速向前反搧，臂伸直，掌心向左，稍高于肩，同时，左拳变掌，臂外旋，从后向上经右肩下落，套过右臂按于右腋下，掌心向下，目视右掌。（图 5－53）

图 5－52

图 5－53

三十七、童子拜佛

身体重心左移，左腿屈膝；右脚向后挪半步，屈膝半蹲，脚尖踮地，成右丁步，同时，右掌屈肘后收在身体右侧向下切掌，掌心斜向下，小指侧向右；左掌从右腋下上举于右肩上方，掌背贴于脸部右侧，掌心向右，目视右侧。（图 5－54）

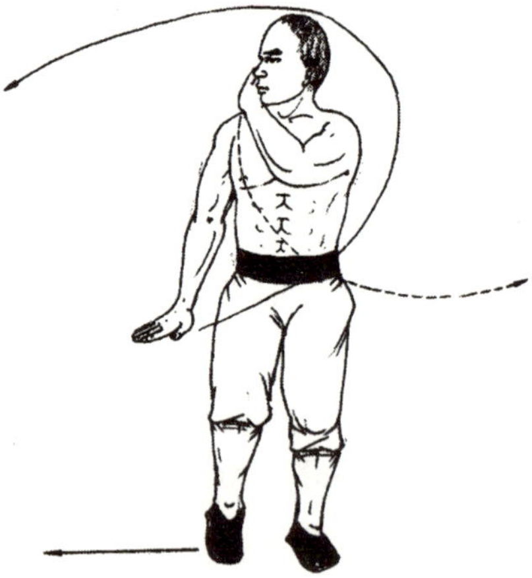

图 5－54

三十八、渔翁撒网

1. 身体略右转，右脚向右上一步成右弓步，同时，右掌从下经体前向左、向上、向右画弧，用掌背向右侧反掮，臂伸直，掌心向左，稍高于肩；左掌变拳下落，臂内旋，反臂摆于体后，臂伸直拳眼向下，目视右掌。（图 5－55）

2. 身体右转，左脚向前上一步，略屈膝，同时，左拳变掌，由后向左、向前直臂掮掌，掌心向右，稍高于肩；右掌变拳下落，左臂内旋，直臂摆于体后，拳眼向下，目视左掌。（图 5－56）

图 5－55

图 5－56

3. 左腿屈膝成左弓步，同时，右拳变掌，臂外旋，从后向上经左肩下落，套过左臂按于左腋下，掌心向下；左掌由前下落于体前，然后左臂屈肘上抬，快速向前反掮，臂伸直，掌心向右，稍高于肩，目视左掌。(图 5－57)

三十九、童子拜佛

身体重心右移，右腿屈膝；左脚向后挪半步，屈膝半蹲，脚尖踮地，成左丁步，同时，左掌屈肘后收在身体左侧向下切掌，掌心斜向下，掌小指侧向左；右掌从左腋下上举于左肩上方，掌背贴于脸部左侧，掌心向左，目视左侧。(图5－58)

图 5－57

图 5－58

四十、毛驴推磨

1. 左脚全脚掌着地，右脚向右侧跨一步，膝微屈，然后左脚提起屈膝扣于右腿膝后，同时，右掌从左肩上方向上、向右画弧平摆于右侧，臂伸直，掌指向上，掌心向右；左掌从身体左侧向左、向上、向右画弧，屈肘附于右肩前，掌指向上，掌心向右，目随右掌。(图 5－59)

2. 身体左转，左脚向前落步成左弓步，同时，两掌变拳下落，屈肘收于腰间，然后两拳变掌，快速向前推击，掌指向上，掌心向前，目视两掌。(图 5－60)

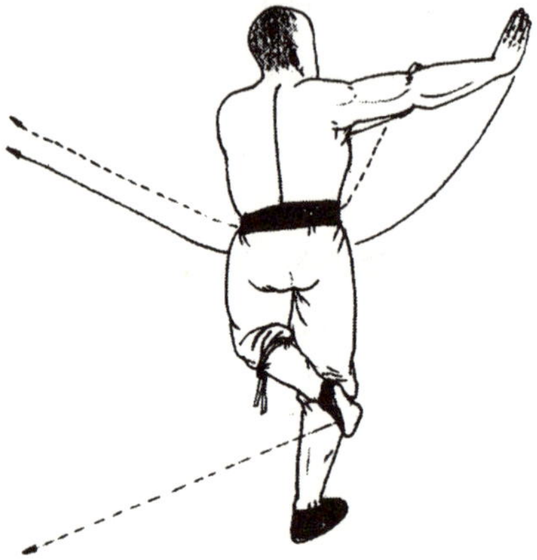

图 5 – 59

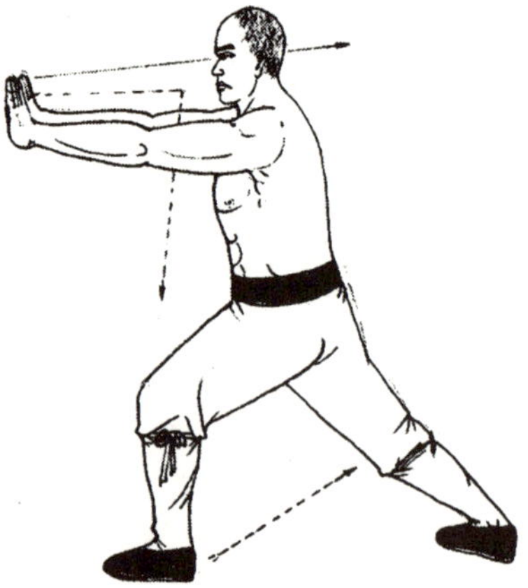

图 5 – 60

四十一、云里摸月

上体右转，身体重心右移，右腿屈膝；左脚挪于右脚前方，脚尖虚点地面成左虚步，同时，左臂屈肘平摆于右前臂上方，然后左臂内旋，左手由前向左、向后弧形下捋，掌心向后；右掌向前平捋，臂微屈，掌心向前，目视右掌。（图 5 – 61）

图 5 – 61

四十二、白蛇吐信

上体稍右转，左脚全脚掌着地由前弧形后滑步成右弓步，同时，右臂外旋，右手由前经身体右侧弧形向后勾搂，指尖向上；左臂内旋，左掌经腰间向前快速推击，臂伸直，与肩同高，掌指向上，目视左掌。（图5－62）

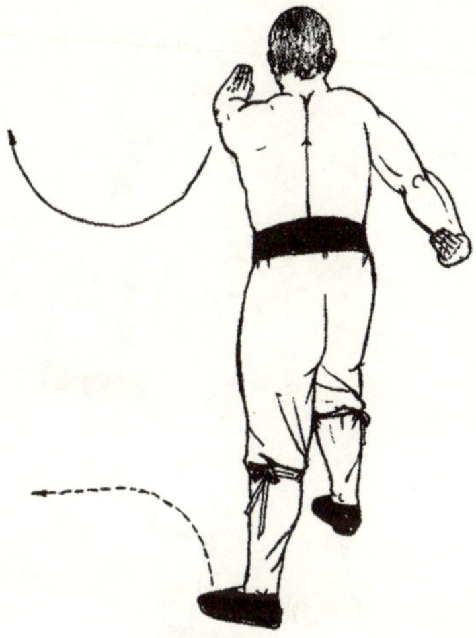

图5－62

四十三、金鸡捻锁

1. 上体左转，右脚尖里扣，左脚经右脚内侧弧形绕上一步，左腿屈膝成左弓步，同时，左臂屈肘后收，左手在体前顺时针方向画弧一周外叼，虎口向前，掌心斜向下，目视左手。（图5－63）

2. 身体继续左转，左脚尖外展，右脚向前上一步，落于左脚前，右腿屈膝成右弓步，同时，右勾手变掌，由体后向右、向前弧形抹按，掌心斜向前，小指侧向上；左手继续向后画弧摆于体后，掌心向右，拇指侧向下，目视右掌。（图5－64）

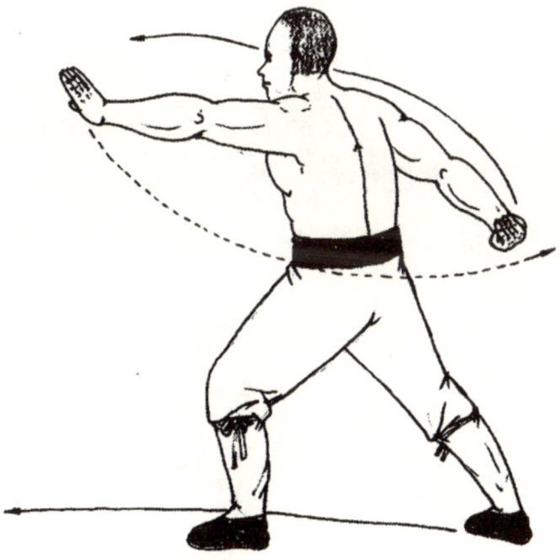

图5－63

3. 右弓步不变，左手由后经腰间向前快速插出成鹰爪，臂伸直，掌心向前，虎口向上；右掌向后平收于左腋下，掌心向下，目视左手。(图 5－65)

图 5－64

图 5－65

四十四、二龙抢珠

1. 下盘右弓步不变，两手鹰爪变掌一起向上分掌，然后下落收于腰间，两掌心均向上，目视前方。(图 5－66)

2. 左脚向前一步，屈膝半蹲成左弓步，同时，两掌由腰间快速向前平插，掌指向前，掌心向上，目视两掌。(图 5－67)

图 5－66

图 5－67

四十五、青龙探爪

1. 上体左转，左臂内旋，左掌由前向左、向后、向下画弧摆于体后，掌心向下，同时，右臂向后屈肘内旋，右掌经体前向右、向前搧出，高与头平，掌心向左，两臂均伸直，目视右掌。（图5－68）

图5－68

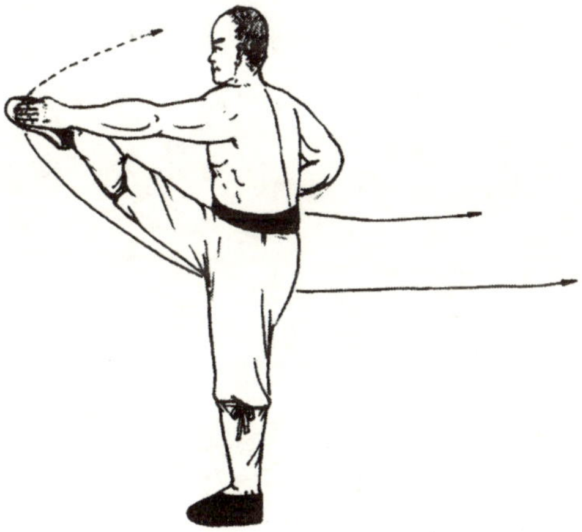

图5－69

2. 上体稍后仰，右脚脚尖勾起里扣，由后向左侧踢起，经面前向左侧上方直腿里合，脚尖向上，脚底向左，同时，左臂内旋，左掌由体后向左、向前、向上迎击右脚掌，左掌心向右；右臂内旋，右掌由前下落收于腰间，掌心向上，目视右脚。（图5－69）

四十六、野马显威

上体前倾，左腿微屈膝，右腿由前下落于体右，脚尖向里，同时，右手由腰间向后反臂插掌，掌心向上，掌指向后；左掌屈肘架于头上方，掌心斜向上，掌指向右，目视右脚。（图5－70）

图5－70

四十七、蛟龙入海

1. 身体向右后翻转，右脚向前屈膝提起，脚尖向下，左脚用力蹬地，使身体腾空，同时，右掌由后向下、向前、向上、向下抡臂画弧一周，摆于身体右侧，掌心向前；左掌上举于头上方，臂伸直，掌心向上，目视前方。（图5－71）

2. 右脚先向下落地，微屈膝，左脚在右脚的左后方落地成右横裆步，同时，左掌由上向左、向下猛力劈击，掌心向前，小指侧向下；右臂外旋，右掌屈肘上提于右肩前，掌心向前，小指侧向上，目视左掌。（图5－72）

图5－71

图5－72

四十八、罗汉伏虎

上体左转，左脚外展，脚尖向前，左腿屈膝成左弓步，同时，右掌由右肩前向体前快速砍掌，掌心向上，掌指向前；左臂内旋屈肘向后附于右肘处，掌心向下，目视右掌。（图 5－73）

四十九、魁星踢斗

上体稍右转，重心前移，左腿微屈膝，右脚由后屈膝上提，然后脚尖勾起，迅速向前蹬踢，同时，右臂内旋，右掌变拳，左臂外旋翻转，两手一起用力向身体右侧后拉，左掌屈肘摆于腰右侧，掌心向上；右拳摆于体后，拳心向里，目视前方。（图 5－74）

图 5－73

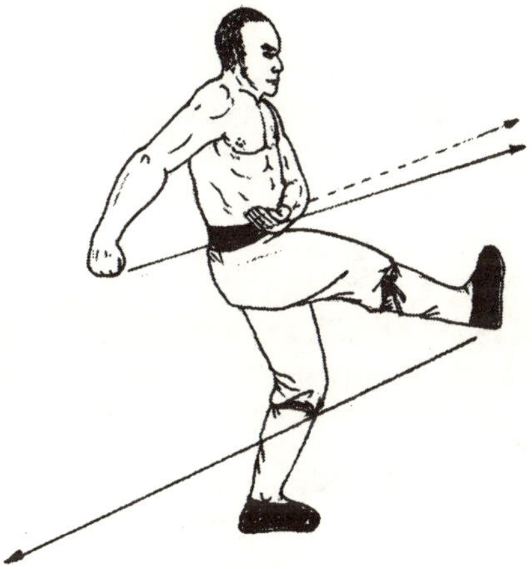

图 5－74

五十、排山倒海

重心前移，右脚向后落步成左弓步，同时，两掌（右拳变掌）由后向前快速立掌推击，臂伸直，高与肩平，两掌心向前，目视双掌。（图 5－75）

图 5－75

图 5－76

五十一、大鹏展翅

下盘不动，两掌由前向体后弧形勾挂成反勾手，两臂伸直摆于身体两侧，反臂向上斜举，指尖向上，二目向前平视。（图 5－76）

五十二、金鸡捻锁

1. 上体略左转，右脚向前上一步，右腿屈膝，同时，右勾手变掌，由体后经右向前弧形按于体前，掌心向下，目视右手。（图 5－77）

2. 右腿屈膝成右弓步，同时，左勾手变鹰爪由体后经腰间向前快速插出，臂伸直，虎口向前；右掌屈臂向后平收于左腋下，掌心向下，目视左手。（图 5－78）

图 5－77

图 5－78

五十三、丹凤展翅

上体略左转，右臂外旋伸直，右掌由左腋下快速向前反挥，略高于肩，拇指侧向上，掌心向左，同时，左臂内旋，左鹰爪手变掌屈肘后收于左肩前，小指侧向上，掌心向左，目视右掌。（图 5－79）

图 5－79

五十四、青蛇寻路

下盘不动，上体稍右转，左臂内旋由后向前、向下快速削掌，掌心向上，掌指向前，同时，右掌屈肘后收附于左肘处，掌心向下，目视左掌。（图 5－80）

图 5－80

五十五、金鸡捻锁

1. 左脚向前上一步，屈膝成左弓步，同时，右臂向上经脸前向右、向后画弧反臂摆于体后伸直，掌心向上；左掌由前向后、向左、向前画弧按于体前，臂微屈，掌心向下，掌外沿向前，目视左掌。（图 5－81）

2. 右掌变鹰爪由体后经腰间向前快速扠出，臂伸直，虎口向前；左掌屈臂向后平收于右腋下，掌心向下，目视右手。（图 5－82）

图 5－81

图 5－82

五十六、丹凤展翅

上体略右转，左臂外旋，左掌由右腋下快速向前反挥，左臂伸直，略高于肩，拇指侧向上，掌心向右，同时，右臂内旋，右鹰爪手变掌屈肘后收于右肩前，小指侧向上，掌心向右，目视左掌。（图 5－83）

图 5－83

五十七、青蛇寻路

下盘不动，上体稍左转，右臂外旋由后向前、向下快速削掌，掌心向上，掌指向前，同时，左掌屈肘后收附于右肘处，掌心向下，目视右掌。（图 5－84）

五十八、猛虎归山

两脚掌碾地，使上体向右后转约 180 度，右腿屈膝成右弓步，同时，右掌由体前经右向后直臂反掴，比肩稍高，掌心向左；左臂随势反掌摆于身体左侧，掌心向右，目视右掌。（图 5－85）

图 5－84

图 5－85

五十九、乌龙摆尾

1. 下盘不动，上体右转，右掌向上、向下、向前画弧于体前按掌，臂微屈，掌心向下；左臂外旋，左掌由后经上前摆附于右腕上，掌心斜向下，目视右掌。（图5－86）

2. 左脚由后向前上一步，成左弓步，同时，右掌向左、向上、向右、向前画弧于体前平斩，臂伸直，掌心向上；左掌随势后移至右上臂，掌心向下，目视右掌。（图5－87）

图5－86

图5－87

3. 两脚掌碾地，身体向右后转约180度，右腿屈膝成右弓步。同时，右臂内旋，右掌随转体向后平砍，掌心向下；左掌随势附于右肘下，掌心向下，目视右掌。（图5－88）

图5－88

六十、猛虎归山

两脚掌碾地，使上体向左后转约180度，左腿屈膝成左弓步。同时，左掌随转体经左向后直臂反掴，比肩稍高，掌心向右；右掌随势反臂内旋摆于体后，掌心向左，目视左掌。（图5－89）

图5－89

六十一、绵里藏针

下盘不动，上体左转，左掌向上、向下、向前画弧于体前按掌，臂微屈，掌心向下；右臂外旋，右掌由体后经上前摆附于左腕处，掌心斜向下，目视左掌。（图5－90、图5－90附）

图5－90

图5－90附

六十二、叶底藏花

1. 右脚向前上一步，屈膝成右弓步，同时，左臂外旋，左掌翻转；右掌向后、向右、向前画弧摆于左前臂上方，使两前臂屈肘相交，右掌掌心向下，左掌掌心向上，目视两掌。（图 5－91）

2. 上体左转，两脚掌碾地，两腿屈膝，同时，两掌向上翻转交手于体前，左掌在里，掌心向外；右掌在外，掌背向外，二目平视前方。（图 5－92）

图 5－91

图 5－92

六十三、犀牛分水

两腿屈膝成马步，同时，两掌经上向左右两侧快速分掌劈击，两臂伸直与肩同高，掌指向上，力达于小指侧，目视右掌。（图 5－93）

图 5－93

六十四、枯树盘根

身体向右后转约180度，两腿屈膝交叉全蹲成歇步，右脚在前，左脚在后，同时，两臂外旋，两掌分别由左右两侧随转体向下斜削，两臂屈肘于腹前交叉，右手在上，左手在下，两掌心均向上，目视两掌。（图5－94、图5－94附）

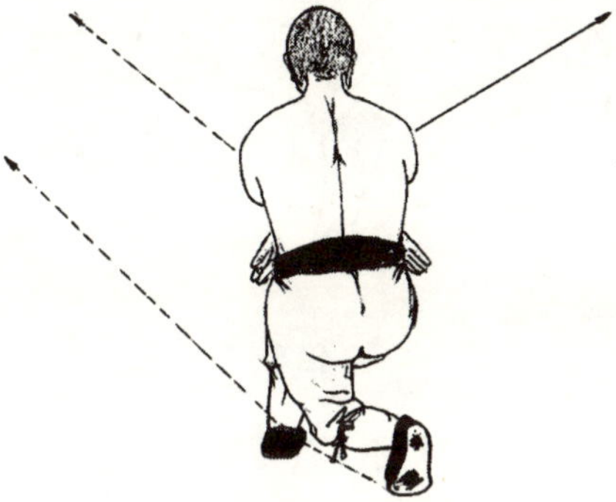

图5－94

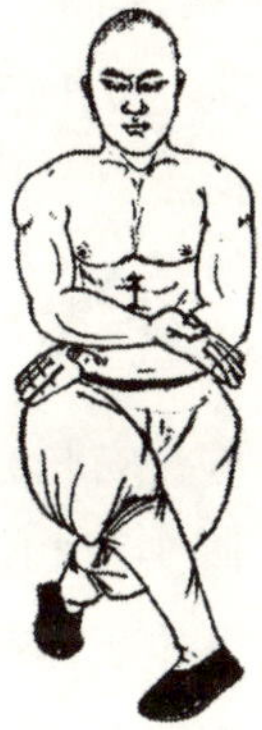

图5－94附

六十五、横扫千军

两腿起立，右腿伸直支撑，左腿屈膝提起，脚尖勾起，待提膝接近水平时，用脚跟迅速猛力向左侧蹬出，比腰稍高，脚尖向上，脚手向左，同时，两掌由腹前上提至胸前，两臂内旋，两掌向左右两侧分掌推出，两臂伸直，比肩稍高，目视左脚。（图5－95）

图5－95

六十六、单峰贯耳

左腿屈膝向右下落于右脚前；右脚在左脚落地前蹬地向右侧横跳一步，上体左转成左弓步。同时，左掌向下、向右、向上、向左画弧一周，用掌背快速反掮，臂伸直，稍高于肩，掌心向右；右掌向上、向左下落，套过左臂按于左腋下，掌心向下，目视左掌。(图5－96)

图5－96

六十七、卧虎擒羊

身体重心后移，右腿屈膝全蹲，脚尖外展；左腿挺直平仆，脚尖里扣成左仆步，同时，两掌握拳向后、向下拉于体前，左臂伸直，左拳摆于左膝前，右臂屈肘，右拳摆于腹前，两拳拳眼均向上，目视两拳。(图5－97)

六十八、燕子穿林

两腿起立，上体左转，左腿屈膝成左弓步，同时，两拳变掌，右臂外旋，右掌掌心向上由后经左前臂上面穿出，臂伸直，掌指向前；左臂内旋，左掌屈肘后收于右腰间，掌心向上，目视右掌。(图5－98)

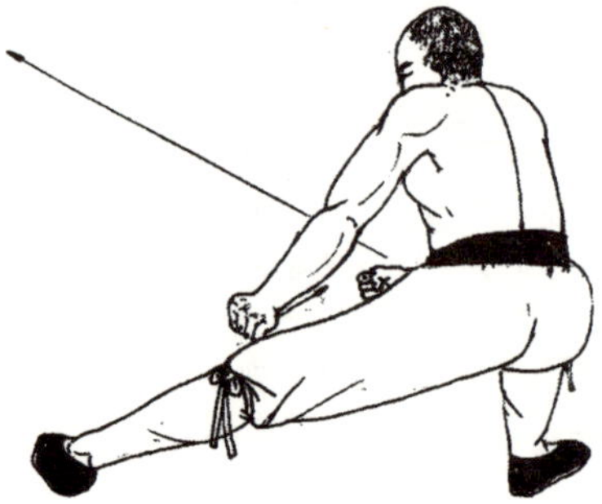

图5－97

图5－98

六十九、苍龙探爪

1. 右臂内旋，右掌向左、向上、向右、向下画弧屈肘摆于腰部左侧前，掌心向上；左掌向下、向左、向上画弧抖腕亮掌于头左上方，掌心向上，二目平视前方。（图 5－99）

2. 右腿由后屈膝提起快速向前弹踢，脚面绷平，脚尖向前，目视右脚。（图 5－100）

图 5－99

图 5－100

七十、金童献宝

右脚向前下落，屈膝成右弓步，同时，右臂外旋，右掌掌心向下由腹前向前快速戳击，臂伸直，掌指向前；左臂内旋，左掌由上下落屈肘摆于胸前，掌心向上，目视右掌。（图 5－101）

七十一、燕子穿林

上体略右转，左掌由腹前经右前臂上面向前快速穿出，臂伸直，掌心向上，掌指向前，同时，右臂内旋，右掌由前向后屈肘收于腰右侧，掌心向上，目视左掌。（图 5－102）

图5－101

图5－102

七十二、青龙探爪

1. 左臂外旋，左掌向右、向上、向左、向下画弧屈肘摆于腰部右侧前，掌心向上；右掌向下、向右、向上画弧抖腕亮掌于头右上方，掌心向上，二目平视前方。（图5－103）

2. 左腿由后屈膝提起快速向前弹踢，脚面绷平，脚尖向前，目视左脚。（图5－104）

图5－103

图5－104

七十三、烈马狂奔

左脚向前落步，右掌在脸前按顺时针方向画弧一周，架于头右上方，掌心向上，然后身体向左后转约 90 度。同时，右脚由后屈膝提起快速向前弹踢，脚面绷平；左掌下落反臂摆于体后，臂伸直，掌心向右。目视右脚。（图 5－105）

七十四、虎踞龙盘

左脚脚尖外展碾地，使身体继续向左后转；右脚下落于左脚内侧并步震脚，屈膝半蹲，同时，右掌由上下落经腰间向前快速推击，掌心向前，掌指向上；左掌向左、向前画弧，然后屈肘收于右腋下，掌心向下，目视右掌。（图 5－106）

图 5－105

图 5－106

自第六十八式“燕子穿林”到第七十四式“虎踞龙盘”的 7 个动作应连贯不断，一气呵成。在节奏处理上要一式紧接一式，越练越快，但应做到动作清晰、干净利落、快而不乱。

七十五、收势

1. 身体右转，右脚向右后退一步，左腿屈膝，同时两臂内旋，两掌掌心向上并向右、向前、向下摆于体前，臂伸直，掌心向前，目视前方。(图 5－107)

2. 左脚后退与右脚并拢，两腿伸直，同时，两臂向后、向上画弧，在肩前屈肘，两掌由肩前向下按于体侧，掌心向下，目视左侧。(图 5－108)

3. 两臂自然下垂，两掌心贴靠于两腿外侧，二目平视前方。全套收势。（图 5－109)

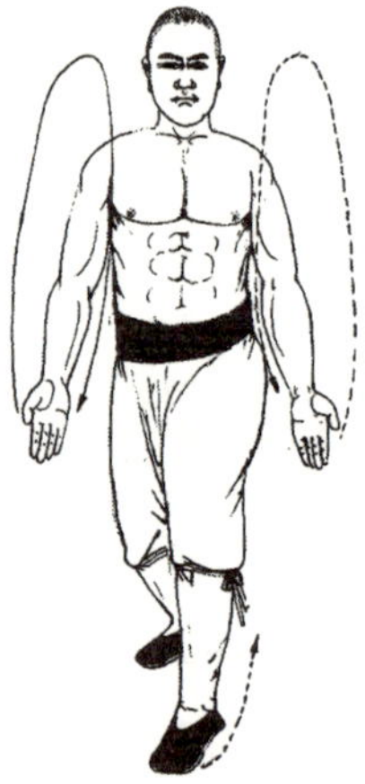

图 5－107

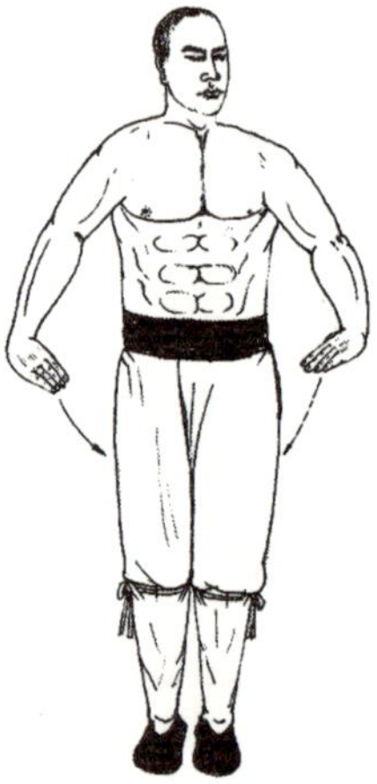

图 5－108

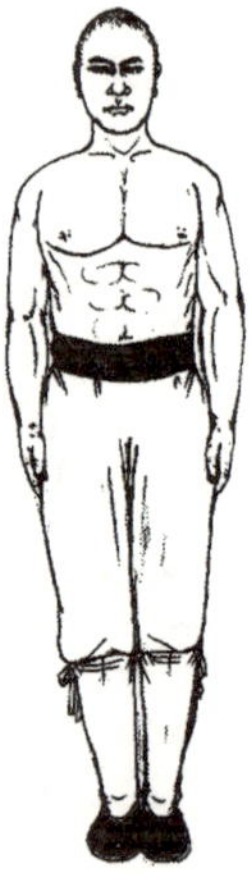

图 5－109

第六章 铁掌养生功

顾汝章宗师在修炼铁砂掌的过程中，感觉到铁砂操掌太过刚硬，认为必须在猛烈发力后，再济之以柔功，才能确保万无一失，故又创出一套“铁掌养生功”。

铁掌养生功，结合吐纳，融汇内劲，动作轻灵，掌法多变，练之可以舒筋展骨，活血理脉，泻火除滞，中和戾气，防止偏差，保养身体。

此功架势优雅，劲法柔和，易学易练，即使不操铁砂硬功者，亦可专门练习用于养生，自能益气增力，祛病延年。

一、预备势

1. 并步正身直立，两掌垂于体侧，呼吸自然，二目平视前方。(图 6－1)

2. 两掌同时上收于小腹前，左掌心按住小腹丹田部位，右掌心叠于左手背，静心调息片刻。(图 6－2)

图 6－1

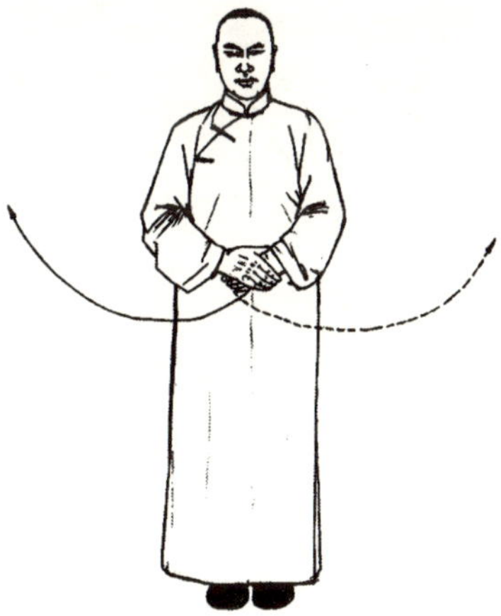

图 6－2

二、推窗望月

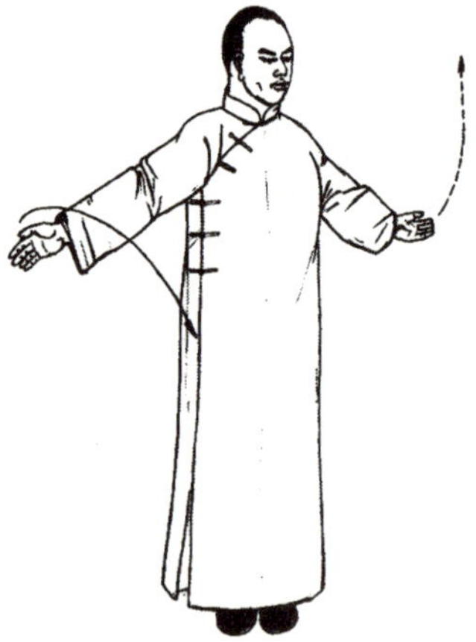

图 6－3

1. 两掌分别向体侧分开，两臂自然伸直，高与腰平，指尖斜向下，掌心斜向前上；同时，上身略左旋，目视左斜前方。（图 6－3）

2. 右臂内旋，右掌稍向上摆起收于右腰侧，掌心向上，指尖向前；同时，左臂内旋，左掌向上摆至面部左前方，高与眼平，肘部略屈，掌心向上，指尖斜向左上方，目视左手。（图 6－4）

3. 上体继续右转，重心缓缓下沉，两膝微微屈蹲，左脚跟悬提成脚尖点地；同时，右掌收贴右腰际，掌心向上，左臂稍内旋，左掌经面前下落于右肩前，左臂沉肘成弧形，掌心对面部，指尖斜向上，目视左掌。（图 6－5）

4. 左脚向左前方上步，脚跟先着地，随着重心前移变成左弓步；同时，左臂先稍下沉外旋、后沉肘上架使左掌置于头的左侧前上方，掌心斜向上，指尖斜向右，左臂撑圆；右掌坐腕向左前方推出，右肘尖下垂，掌心斜向前，目视右掌。（图 6－6）

图 6－4

图 6－5

图 6－6

三、顺风拂柳

1. 重心下沉右移，右腿屈膝，左膝自然伸直；同时，两手覆掌下拂，将右手回带到右腹前，掌心向上，指尖向左，右前臂贴身；左手下拂到身体左前方，掌心向下，指尖向前，左前臂平行于地面，目视左手。（图6－7）

图6－7

2. 身体继续右转，左脚尖内扣，右掌翻转成掌心向下，两手顺势向身体右侧前方捋带，左手至右肋际时，双手十指展开，掌心均向下，指尖均向右，目视右掌。（图6－8）

3. 动作不停，身体左转，重心逐渐移至左脚，左腿屈膝，右腿自然伸直；两掌顺势左摆（用柔劲），右掌心向前，虎口向上，左掌心仍向下，目视右掌。（图6－9）

4. 身体稍右转，右脚内收于左脚内侧成右丁步；同时，两掌分别回带到腰侧，肘尖上提，指尖向下，掌心向前，目视前方。（图6－10）

图6－8

图6－9

图6－10

四、力士推山

1. 右脚上步，脚跟着地，脚尖上翘；同时，两臂内旋使两手掌指向上，用小指侧为力点前推，目视前方。（图6－11）

2. 重心前移，右脚掌落地踏实，屈膝半蹲；继而，左脚跟进于右脚跟内侧成左丁步；两掌继续前推，中指端与鼻尖平齐，两臂自然伸直，两掌心均向内（斜向前），掌指向上，目视双掌。（图6－12）

图6－11

图6－12

五、绣女浣纱

1. 左脚向左撤一步，脚尖内扣，左腿伸直成右弓步；同时，将左手下收于右腋下，掌心向下，指尖向右后方；右掌稍前伸，指尖向前，虎口向上，目视右掌。（图6－13）

图6－13

2. 左后转体成左弓步；同时，右臂内旋，右掌随转体向下经腹前向左上挑，右臂伸直，掌心向上；左掌护于右腋前，目视右掌。（图6－14）

3. 重心右移，右腿屈膝，左脚以脚前掌为轴使脚跟内旋，上体稍右转。同时，左臂外旋，左掌向下、向前撩挑，左臂自然伸直，高与肩平，掌心向前，指尖向左侧；右臂内旋，右掌向上、向身体右前方摆出，右掌高与腰平，掌心向下，指尖斜向右侧，肘尖下垂，目视右掌。（图6－15）

图6－14

图6－15

六、玉女穿梭

1. 重心左移，左腿屈膝，右脚跟进于左脚内侧，脚尖点地成右丁步；同时，右臂内旋，右掌稍下落弧形收于右腰侧，掌心向前，指尖向下；左臂稍内旋，目视左手。（图6－16）

2. 右脚向前上一步成右弓步；同时，左臂外旋，左掌外撑架于左侧，高与耳平，左臂成弧形，掌心向外，指尖向前；右掌前穿，臂部逐渐伸直、掌高与肩平，掌心向上，指尖向前，目视右掌。（图6－17）

图 6－16

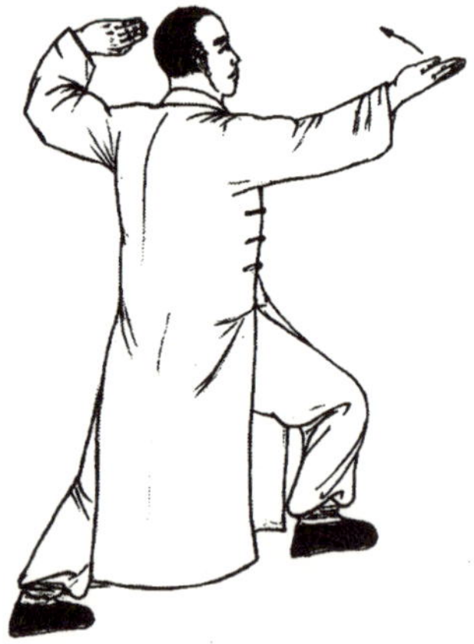

图 6－17

七、斜风摆柳

1. 重心左移，左腿屈膝，右腿伸直，身体稍左转；同时，右臂稍内旋使掌心向左，右掌稍向左拨，指尖向上；左臂稍伸，左掌稍向左后方撑掌，左臂撑圆，掌心向外，虎口向下，目视右掌。（图 6－18）

2. 右脚尖外摆，重心移至右腿，左脚随之向前上步；同时，右臂外旋，右掌画弧回带至右胸前，掌心向外，指尖向左；左臂内旋，左掌从左侧向身前平摆，左臂自然伸直，虎口向上，指尖向左前方，目视左掌。（图 6－19）

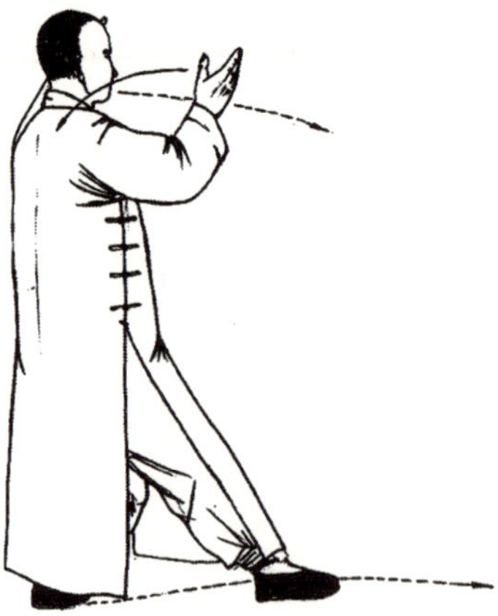

图 6－18

图 6－19

3. 重心左移成左弓步；同时，左臂外旋，左掌平摆侧撑架于头部左侧，左臂成弧形，掌心向外，指尖向前，高与耳平；右臂逐渐内旋，右掌随身左转向身前平摆，掌心向左，指尖向前，右臂自然伸直，高与鼻平，目视右掌。（图 6－20）

4. 重心右移，两腿半蹲成高马步；同时，右臂外旋，右掌画弧回带至右胸前，掌心向外，虎口向下，右臂略成弧形，高与肩平；左臂内旋，左掌从左侧向身前平摆，左臂自然伸直，高与肩平，虎口向上，指尖向左，目视右掌。（图 6－21）

图 6－20

图 6－21

八、如封似闭

1. 左脚尖微外摆，重心左移成左弓步；同时，右臂屈肘内旋向下滚压于右腰侧，掌心向上，指尖向左；左臂外旋，左掌下按，肘部略屈，掌心斜向前下，虎口向上，目视左掌。（图 6－22）

图 6－22

2. 右脚向前上一步成右弓步；同时，右掌以掌背为力点向前推出，虎口向上，高与鼻平；左掌回带于右肘下，掌心向下，指尖向右，目视右掌。（图 6－23）

3. 重心左移，半蹲成高马步；同时，左臂外旋，左掌回带至胸前，掌心向外，指尖向右；右手五指展开，随着右臂稍外旋使指尖向前，虎口向上，右臂自然伸直，目视右掌。（图 6－24）

4. 随着重心逐渐前移，上体稍右转，右脚尖略外展成右虚步；同时，左手随着左臂内旋滚压于左腰侧，掌心向上；右臂外旋，右掌下压使掌心向上，指尖向前，高与肩平，目视右掌。（图 6－25）

图 6－23

图 6－24

图 6－25

5. 左脚向前上一步成左弓步；同时，左掌以掌背为力点向前推出，指尖向上，掌心略对面部，高与鼻平；右掌回带于左肘下，掌心向下，指尖向左外侧，目视左掌。（图 6－26）

图 6－26

九、怀中抱月

1. 重心右移，右膝屈蹲，左脚尖翘起，膝部伸直；同时，左臂沉肘，右掌上划拨推，拇指贴于左腕内侧，高与颌平，指尖向左外侧，两掌心相对，目视双掌。（图6-27）

图6-27

2. 左脚尖落地内扣，上体右转，继而重心左移于左腿，右膝伸直；同时，左掌向胸前画弧经腹前向左侧上摆，屈臂于左侧，掌心向上，指尖斜向后上，高与头平；右掌经额前向右侧下弧形下拨，高与腰平，掌心向下，指尖向右，目视右掌。（图6-28）

3. 右脚回收于左足内侧成右丁步；同时，右掌顺势弧形抄摆至左小腹前，掌心向上，指尖向左；左掌经额前沿胸部下落，使掌背贴于右腕内侧，小指侧贴住腹部，掌心向上，指尖向右，目视左掌。（图6-29）

图6-28

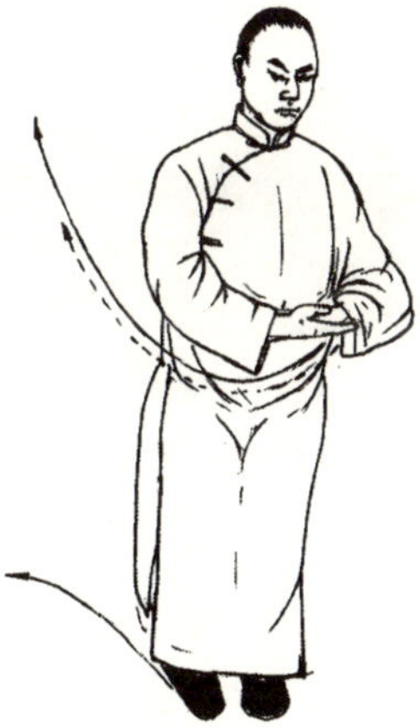

图6-29

十、虎踞龙盘

1. 上体右转，右脚向右前方上一步，由虚步逐渐成右弓步；同时，左掌按扶住右腕内侧，随右掌一起从左向右前方斜行上摆，至高与肩平，右掌心向上，指尖向前，两肘尖下垂，目视右掌。（图 6－30）

2. 重心左移，左膝屈蹲，右膝伸直，脚尖翘起成右虚步；同时，右掌以腕为轴向右缠绕，掌心向上，右肘随之弯曲；左掌护住右腕内侧，目视右掌。（图 6－31）

3. 右脚尖内扣落地，左掌扶右腕随着右掌顺势缠绕，继而重心前移至右脚，右腿屈膝前弓；同时，右掌随右臂内旋翻掌使掌心向下，指尖向左，高与胸平，目视右掌。（图 6－32）

图 6－30

图 6－31

图 6－32

4. 左脚向右脚后侧插步下蹲成坐盘势；同时，左掌屈臂上提肘尖，左掌置于左肩前，指尖向下，掌心向内；右掌向右下方切掌，掌心向下，指尖向斜前方，右臂自然伸直，目视右掌。（图 6－33）

图 6－33

十一、拨弄日月

1. 两腿同时用力，身体稍起；左掌向右腋下插掌，掌心向下；右掌弧形上摆掌，掌心向下，高与腋平，目视右掌。（图 6－34）

图 6－34

2. 上体左转约 180 度，立起上身，重心逐渐移到左脚；同时，左臂内旋使掌心逐渐向上、向左弧形平摆，左臂自然伸直，高与腹平，掌心向上，指尖向左；右臂外旋，右掌亦顺势向左、向前弧形上摆，右臂屈成弧形，掌高与额平，掌心向上，指尖向后，目视右掌。（图 6－35）

3. 以右脚掌为轴继续向左转体，身体重心渐渐移至右脚；同时，左掌心向上、向左平摆，左臂自然伸直，高与肩平，指尖向左；右掌顺势经额前向右弧形摆至头右侧，右臂屈成弧形，右掌高于头顶平，指尖向左，掌心向上，目视右掌。（图 6－36）

4. 随着身体继续左转约 90 度，右脚上步成右虚步；同时，左掌顺势左摆亮掌于左侧头顶上方，掌心向上，指尖向右；右臂外旋，右掌画弧从右侧向前横砍，右臂伸直，右掌心向上，指尖向前，目视右掌。（图 6－37）

图 6－35

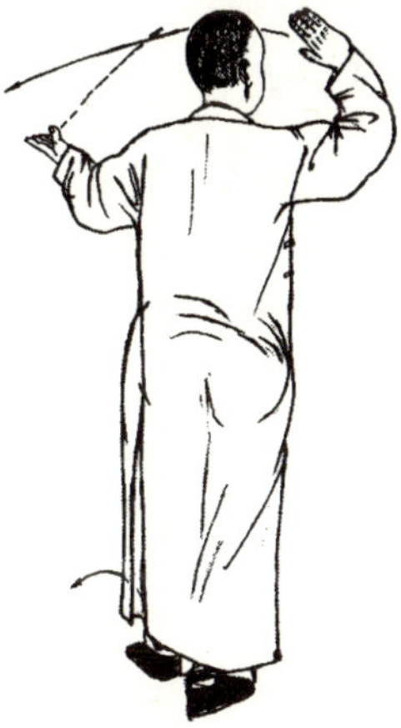

图 6－36

图 6－37

十二、雏燕歇枝

1. 两脚不变，身体右转，重心稍下沉；同时，左臂内旋，左掌下落右摆，掌高与肩平，掌心向上，指尖向左；右臂外旋外撑，使右掌心逐渐向下，掌高与肩平，右臂成弧形，目视右掌。（图6－38）

2. 步形不变，上体略左转；同时，左臂外旋，左掌向右上摆起，高过头顶，掌心向上，指尖向右；右臂稍伸展，右掌下按于胯外侧，掌心向下，指尖向右前方，目视右掌。（图6－39）

3. 右脚向左脚左后方插步，脚前掌着地；同时，右掌继续下沉左摆，高与腹平，掌心向下，指尖向前；左掌经额前画弧，屈臂于胸前，掌心向前，指尖向右，目视右掌。（图6－40）

图6－38

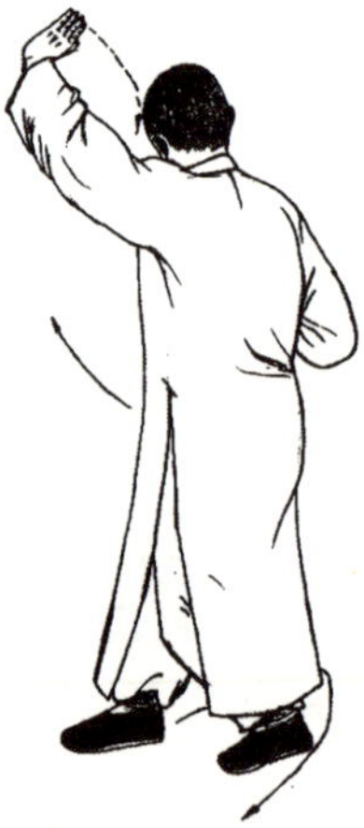

图6－39

图6－40

十三、野马分鬃

1. 右脚跟落地，右转体约90度；同时，右臂外旋，右掌向右、向上弧形亮掌于右侧头顶上方，掌心向上，指尖向左；左臂内旋，向右下摆掌，高与腹平，掌心向下，指尖向前，目视左掌。（图6－41）

2. 动作不停，上体继续右转至面向正前方时，两腿半蹲成高马步势；同时，左掌上抬，斜伸于左侧，高与头顶平，掌心向前，指尖向左；右掌随转身向右侧劈下，高与腰平，肘部略屈，指尖向右，虎口向上，目视右掌。（图 6－42）

3. 重心移至左脚，左腿屈膝，右脚回收点在左脚内侧成右丁步；同时，右臂内旋，右掌下抄回抱于小腹前，掌心向上，指尖向左，右臂成弧形；左臂外旋，左掌收落于胸前，掌心向下，指尖向右，左臂亦成弧形，两掌心相对呈抱球状，目视左掌。（图 6－43）

图 6－41

图 6－42

图 6－43

4. 右脚向右侧上步，由虚步逐渐变成弓步；同时，左掌下按于左胯旁，掌心向下，指尖向右，左臂成弧形；右掌随身体右转经腹前过腰际向右前上方弧形挑起，右臂自然伸直，掌心向上，掌背向前，掌指高过头顶，目视左侧。（图 6－44）

图 6－44

十四、怀中抱月

1. 重心左移，左腿弯曲，右腿伸直，右脚尖翘起外摆约30度；同时，身体右转带动右臂外旋、右掌下按，右臂自然伸直，高与胸平，掌心向下，指尖向前；左掌稍前移，左臂仍成弧形，转腕成掌心向上，指尖斜向前下方，目视右掌。（图6－45）

2. 身体右转，重心前移至右脚，屈膝半蹲，左脚跟进落步于右脚内侧脚尖点地成左丁步；同时，左臂内旋，左掌抄于小腹前，掌心向上，指尖向右；右掌回带按于左腕部内侧，目视右掌。（图6－46）

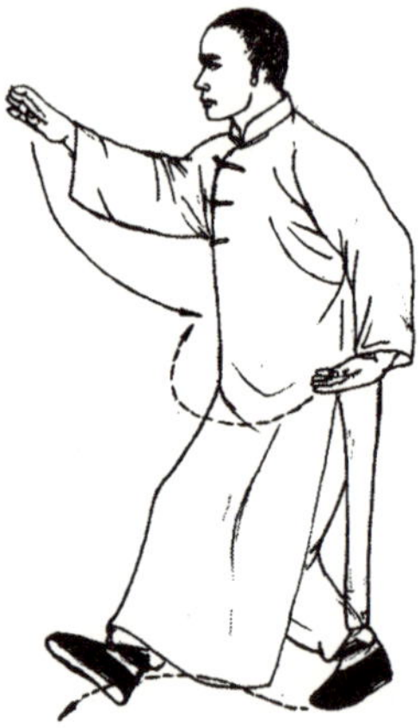

图6－45

图6－46

图6－46附

十五、虎踞龙盘

1. 上体左转，左脚向左前方上一步，由虚步逐渐成左弓步；同时，右掌按扶住左腕内侧，随左掌一起从左向左前方斜行上摆，至高与肩平；左掌心向上，指尖向前，两肘尖下垂，目视左掌。（图6－47）

图6－47

2. 重心右移，右膝屈蹲，左膝略伸直，脚尖翘起成左虚步状；同时，左掌以腕为轴向左缠绕，掌心向上，左肘随之弯曲；右手护住左腕内侧，目视左掌。（图6－48）

3. 左脚尖内扣落地，右掌扶左腕随着左掌顺势缠绕，上提右转约45度；同时，左掌随左臂外旋翻掌使掌心向下，指尖向右斜前方，高与胸平，目视左掌。（图6－49）

4. 右脚向左脚后侧插步下蹲成坐盘势；同时，右臂屈臂上提肘尖，右掌置于左肩前，指尖向下，掌心向内；左掌向左下方切掌，掌心向下，指尖向斜前方，左臂自然伸直，目视左掌。（图6－50）

图6－48

图6－49

图6－50

十六、拨弄日月

1. 两腿同时用力，身体稍起；右掌向左腋下插掌，掌心向下；左掌弧形上摆掌，掌心向下，高与腋平，目视左掌。（图6－51）

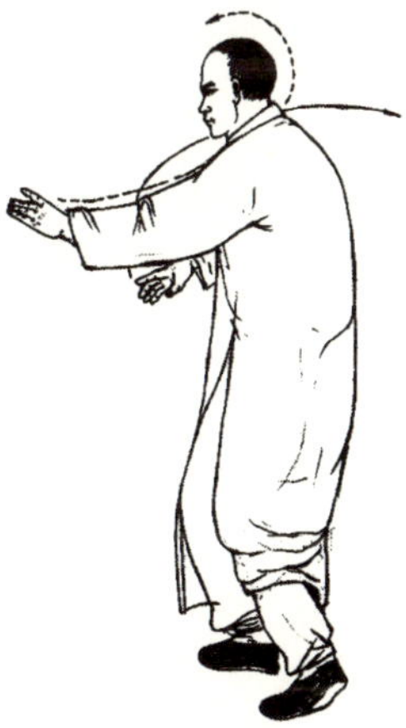

图6－51

2. 上体右转约 180 度，立起上身，重心逐渐移到右脚；同时，右臂内旋使掌心逐渐向上向右弧形平摆，右臂自然伸直，高与腹平，掌心向上，指尖向右；左臂外旋，左掌亦顺势向右、向前弧形上摆，左臂屈成弧形，掌高与额平，掌心向上，指尖向右，目视右掌。（图 6－52）

图 6－52

3. 以左脚掌为轴继续向右转体，身体重心渐渐移至左脚；同时，右掌心向上、向右平摆，右臂自然伸直，高与肩平，指尖向左；左掌顺势经额前向左弧形摆至头的左侧，左臂屈成弧形，高与头顶平，指尖向右，掌心向上，目视左掌。（图 6－53）

4. 随着身体继续右转约 90 度，左脚上步成左虚步；同时，右掌顺势右摆亮掌于头顶右上方，掌心向上，指尖向左；左臂外旋，左掌画弧从左侧向前横砍，左臂伸直，左掌心向上，指尖向前，目视左掌。（图 6－54）

图 6－53

图 6－54

十七、揽须撩衣

1. 上体略右旋，右脚尖稍外摆，左脚内收以脚尖点地成左丁步；同时，左臂内旋，左掌稍向上弧形内收于左肩前方，指尖向上，掌心向里；右臂稍外旋，右掌微外转使掌心向外，目视左掌。（图 6－55）

图 6－55

2. 左脚上步成左弓步；同时，左掌向下、向前弧形撩掌，掌心向右，指尖向前，虎口向上；右掌顺势下落，斜伸于右侧身后，虎口向下，指尖斜向下方，高与臀平，目视左掌。（图 6－56）

3. 右脚上步成右弓步；同时，左臂外旋，左掌向上、向后弧形摆至左侧斜上方，掌心斜向左，指尖向上，臂自然伸直；右掌以拇指侧向前撩出，右臂自然伸直，高与腹平，虎口向上，指尖斜向前下方，目视右掌。（图 6－57）

图 6－56

图 6－57

十八、金鸡独立

1. 重心后移至左脚，右脚尖翘起稍内扣，右腿伸直，上体略左转；同时，右掌上挑，高与眼平，指尖斜向上方，肘臂略屈；左掌直臂下落与胁肋平，目视右掌。（图6－58）

2. 身体继续左转约180度，右脚内扣，随着右脚踏实，重心移至右脚，右腿屈膝，右臂稍内旋，右掌上举，指尖向上，掌心向左；同时，左臂亦内旋，左掌下落于左膝外侧，掌心向上，指尖斜向前下方，目视左前方。（图6－59）

图6－58

图6－59

3. 上体略左转，左臂内旋，左掌逐渐变成勾手向左平举，指尖向下，左臂自然伸直，勾手顶端与肩同高；接着，重心落于右腿，伸膝直立，左腿屈膝提起，小腿斜垂，脚面绷平，踝关节内收；同时，右臂先内旋使右掌落在左大腿上，继而向右摆掌，抖腕亮掌于头顶右侧，右臂稍弯曲，掌心向外，指尖向上，掌指稍高过头顶，二目平视前方。（图6－60）

图6－60

十九、红袖挑帘

左脚向前落地，以脚跟先着地逐渐过渡到全脚掌着地成左弓步；同时，左勾手变掌随左臂内旋向前、向右掩手，下落护于右上臂内侧，掌心向左；右掌稍向后、向下、向前撩挑，掌心向左，指尖向前斜下方，右臂自然伸直，目视右掌。（图 6－61）

二十、盘龙弄首

1. 重心右移于右腿，左脚尖翘起内扣，上体右转约 180 度；同时，左掌弧形下伸，左臂伸直，掌心斜向前下方，虎口向上，高与肋平；右掌向上、向右弧形摆掌，右臂稍屈成弧形，掌高与鼻平，指尖向上，掌心向前，目视右掌。（图 6－62）

图 6－61

图 6－62

2. 上体稍右转，右脚向左脚左后方插步，两膝稍屈成扭步；同时，左掌随左臂外旋亮掌于头部左上方，指尖向右，掌心向上；右掌随着右臂内旋下落收于腰右侧，指尖向下，掌心向前，目视前下方。（图 6－63）

3. 重心下沉，臀部坐于右脚跟成坐盘步；同时，随着身体稍左转，左掌经面前盖掌弧形下按于左胯旁，掌心向下，指尖向前，左臂成弧形；右掌从左掌背上向前上方穿出，掌心向上，指尖向斜上方，右臂自然伸直，目视右掌。（图 6－64）

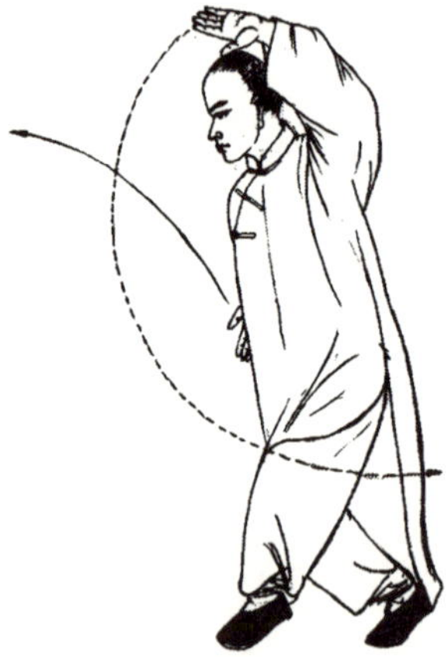

图6－63

图6－64

二十一、招蜂引蝶

1. 两腿缓缓伸立之际，上体向左旋转；同时，左臂外旋，左掌后伸，指尖向下，掌心向后方；右臂内旋，右掌左摆（含裹臂劲），目视右掌。（图6－65）

2. 右掌从小指开始依次屈指并屈腕向右腋下插掌，指尖对胁部，掌心向上；左臂外旋，左掌上摆，高与头平，掌心向上，指尖向后，目视前下方。（图6－66）

图6－65

图6－66

3. 上体右转约90度；同时，右掌沿胁部向腰背顺势下插，掌背贴于右侧臀部，指尖向下，掌心向后；左臂外旋，左掌弧形向右前斜摆，高与头平，掌心向上，指尖向前，目视左掌。(图6－67)

4. 动作不停，上体继续右转，右掌随之下伸，左臂外旋，左掌随之右摆，置于额前上方，高于头顶，指尖斜向上，目视左掌。(图6－68)

图6－67

图6－68

5. 接着，左脚向右脚后方插步，以前脚掌着地；同时，左掌从小指开始依次屈指，并屈旋向左腋下插掌，指尖对胁部，掌心向上；右臂内旋，右手转成掌心向上并向前上方弧形摆掌，高与头顶平，指尖斜向上，目视右掌。(图6－69)

6. 上体左转；同时，左臂外旋，左掌沿胁部向腰背后顺势下插，掌背贴于左臀部，指尖向下；右臂内旋，右掌随势弧形向左前斜摆，高与头平，掌心向上，指尖向前，目视右掌。(图6－70)

7. 动作不停，上体继续左转，左掌随之下伸，右臂内旋，右掌随之左摆，置于额前上方，高于头顶，指尖斜向上，目视右掌。(图6－71)

图 6－69

图 6－70

图 6－71

二十二、鸿雁舒翅

1. 右脚向左脚后方插步；同时，右掌从小指开始依次屈指并屈腕向右腋下插掌，沿胁肋向腰部下插，掌背贴于腰右侧，指尖向下；左掌随左臂内旋向左前方弧形摆掌，高与头平，掌心向上，指尖向左斜上方，目视左掌。（图 6－72）

2. 上体右转；同时，右掌顺势下插，掌背贴于右臀部，指尖向下；左臂内旋，左掌随势弧形向右斜摆，高与头平，掌心向上，指尖向前，目视左掌。（图 6－73）

图 6－72

图 6－73

3. 左掌从小指开始依次屈指，并屈旋向左腋下插掌，指尖对肋部，掌心向上；右臂内旋，右腕转成掌心向上并向前上方弧形摆掌，高与头顶平，指尖斜向上；同时，右脚尖外展，目视左掌。（图6－74）

4. 以右脚跟和左脚前掌为轴，上体右转；同时，右掌从小指开始依次屈指并屈腕向右腋下插掌，沿胁肋向腰部下插，掌心贴于腰右侧，指尖向下；左掌随转体向右前方弧形摆掌，高与肩平，指尖向前，掌心向下，目视左掌。（图6－75）

图6－74

图6－75

5. 上体继续右转，两掌分别向两侧伸出，掌心均向下，指尖向外，两臂自然伸直，目视右掌。（图6－76）

图6－76

二十三、白鹤展翅

1. 右脚前掌着地，左脚向左侧开步，两脚平行，屈膝半蹲成马步；同时，两掌弧形下落至小腹前时，两掌背相贴沿腹中线上提至胸前，指尖向下，目视双掌。(图6－77)

2. 两腿伸膝直立；同时，两掌上提，经面部前分别向左右分开，臂部自然伸直，指尖高与耳平，两掌心均向前，二目平视前方。(图6－78)

图6－77

图6－78

二十四、韦驮献杵

1. 两臂稍内旋使掌心向下，指尖向外、向下按掌，至两膝外侧时，左脚尖外展，重心移至左腿成左弓步；同时，两掌转腕成掌心向上，由腹前向前、向上托起，掌与肩同高，两臂自然伸直，指尖向前，目视双掌。(图6－79)

2. 右脚向左脚并拢，两腿屈膝半蹲；同时，两臂内旋，两掌掌心相对，指尖向前，两掌指尖距离约20厘米，沿胸前下落与脐平，目视双掌。(图6－80)

图 6 –79

图 6 –80

二十五、掌抱太极

1. 右脚向右侧开步，脚尖向前，重心移于右脚，右腿屈膝；同时，两掌分别向体前由下向上、向左右前侧方弧形分开，掌心相对，指尖向前，两掌高与上腹平，目视右掌。（图 6 –81）

2. 左脚向右脚内侧收拢，脚尖点地成左丁步；同时，两臂、两掌向小腹前内收，掌心相对，两掌之间的距离约 20 厘米，犹如抱球状，目视双掌。（图 6 –82）

图 6 –81

图 6 –82

二十六、紫燕双飞

1. 身体稍右转，两掌随着一起向右摆掌，右掌在上，掌心向下，左掌在下，掌心向上；随之左脚向左开步，左脚尖内扣，右膝微屈，左腿伸直，目视右掌。（图6－83）

2. 重心逐渐移至左腿，屈膝半蹲，右腿伸直成右虚步；同时，以身带臂将左掌回带到小腹前，右掌回带到小腹侧前方，目视右掌。（图6－84）

3. 动作不停，重心逐渐向右脚移动成右弓步；同时，右臂外旋使掌心向上；左臂内旋使掌心向下，指掌护于右腕臂内侧，右掌向右前上方穿掌，目视右掌。（图6－85）

图6－83

图6－84

图6－85

二十七、玉女穿梭

1. 重心左移，膝部稍屈，右腿伸直，脚尖翘起；同时，左掌指仍附于右腕，右掌稍向左平摆，目视右掌。（图6－86）

2. 上体略右旋，右脚尖外摆；同时，右臂外旋，右掌回带至头部的右前方，虎口向下，掌心向外，指尖向前，高与耳平，左掌附于右腕背部，目视前方。（图

6－87）

3. 重心前移至右脚，右脚踏实；左脚跟进，脚尖点地于右脚内侧成左丁步；同时，左臂内旋，左掌落于腰左侧，掌心向前，指尖向下，右掌不变，目视前下方。（图6－88）

4. 左脚向前上一步成左弓步；同时，右掌外撑架于右侧，高与耳平，右臂成弧形，掌心向外，指尖向前；左掌前穿，臂部逐渐伸直，掌高与肩平，掌心向上，指尖向前，目视左掌。（图6－89）

图6－86

图6－87

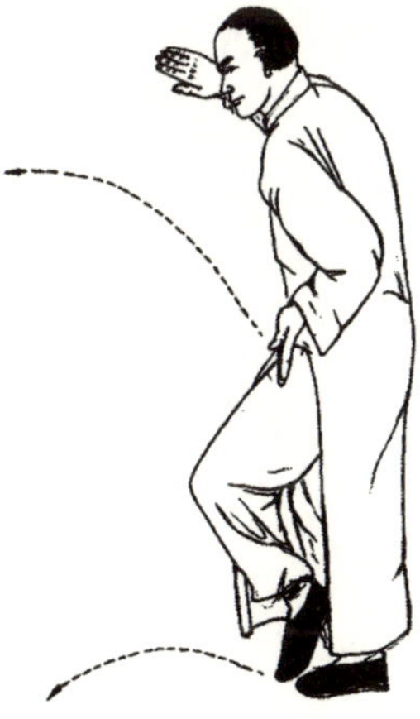

图6－88

图6－89

二十八、斜风摆柳

1. 重心右移，右膝微屈，左腿伸直，身体稍右转；同时，左臂稍外旋使掌心向右，左掌稍向右拨，指尖向上；右臂稍伸，右掌稍向右后方撑掌，右臂撑圆，掌心向外，虎口向下，目视左掌。(图6－90)

2. 左脚尖外摆，重心移至左腿，右脚随之向前上步；同时，左臂外旋，左掌画弧回带至左胸前，掌心向外，指尖向右；右臂内旋，右掌从右侧向身前平摆，右臂自然伸直，掌心向上，指尖向右前方，目视右掌。(图6－91)

3. 重心右移成右弓步；同时，右臂外旋成弧形，右掌平摆侧撑架于头部右侧，掌心向外，指尖向前，高于头顶；左臂逐渐内旋，左掌随右转向身前平摆，掌心向右，指尖向前，左臂自然伸直，高与鼻平，目视左掌。(图6－92)

4. 重心左移，两腿半蹲成高半马步；同时，左臂外旋，左掌画弧回带至左胸前，掌心向外，虎口向下，左臂略成弧形，高与肩平；右臂内旋，右掌从右侧向身前平摆，右臂自然伸直，高与肩平，虎口向上，指尖向右，目视左掌。(图6－93)

图6－90

图6－91

图 6 –92

图 6 –93

二十九、如封似闭

1. 右脚尖微外摆，重心右移成右弓步；同时，左臂屈肘内旋向下滚压于腰左侧，掌心向上，指尖向右；右臂外旋，右掌下按，掌心斜向前下，虎口向上，目视右掌。(图 6 –94)

2. 左脚向前上一步成左弓步；同时，左掌以掌背为力点向前推出，虎口向上，高与鼻平；右掌回带于左肘下，掌心向上，指尖向左，目视左掌。(图 6 –95)

图 6 –94

图 6 –95

三十、迎风拂柳

1. 重心右移，右腿屈膝，左脚尖翘起，左腿伸直；同时，右掌上滑拨推，掌心向上，左臂沉肘，左掌下滑，掌心向里，两掌相贴，目视左掌。（图6－96）

2. 上体右转，左脚内扣落地，随之重心移至左脚，左腿屈膝，右脚尖外展；同时，左臂随身右转外旋，左右掌随转体向右侧画弧前推，高与头平，右掌心向前，指尖向上，左掌附于右腕内侧，目视右掌。（图6－97）

3. 身体继续右转约45度，两掌随之按掌成掌心向下，指尖向前，高与鼻平，目视右掌。（图6－98）

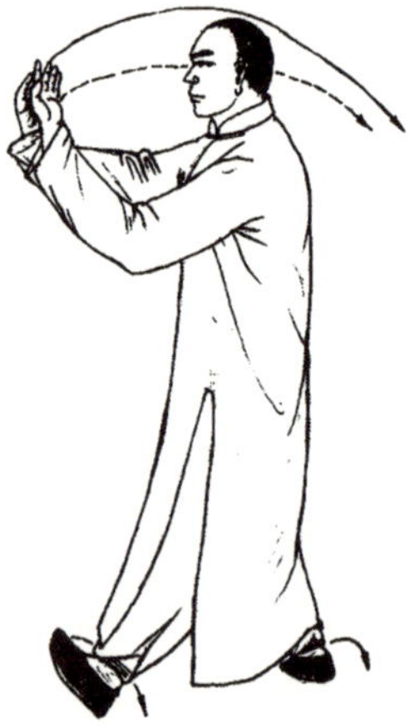

图6－96

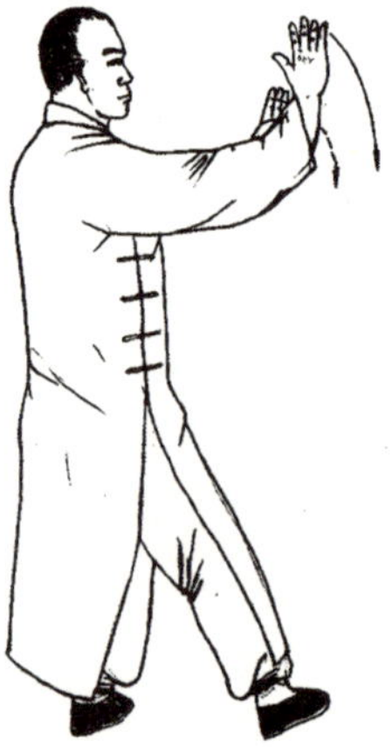

图6－97

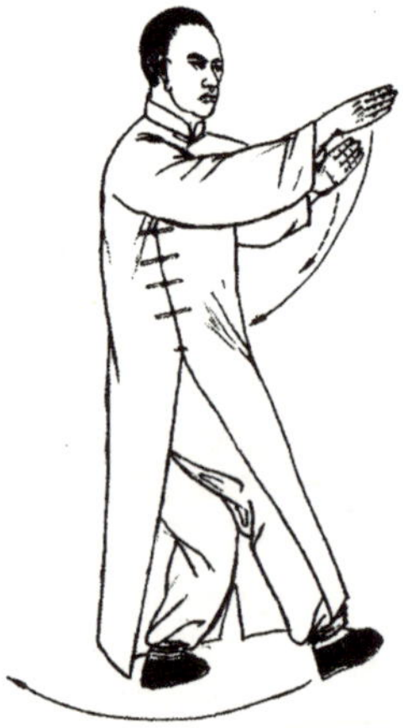

图6－98

三十一、带缠勒马

1. 右脚向右后侧收摆一步，屈膝半蹲；同时，两臂沉肘回带，右掌翻转成掌心向上，收于左腹前，指尖向前；左掌按至与肋齐高，掌心向下，指尖向前，目视左掌。（图6－99）

2. 动作不停，左脚回收点步于右脚内侧成左丁步；同时，两掌继续回带，右前臂和右手贴于腹部，高与脐平；左前臂和左手置于身体左侧，前臂平行于地面，目视左手。（图6－100）

图 6－99

图 6－100

三十二、寒风搅雪

1. 左脚向左开步，脚尖向前，左腿伸直；同时，两掌继续向右回带，当回带到身体右侧时，随着两臂内旋舒指摆掌，右掌摆至身体右侧，掌心向前，右臂伸直，高与肩平；左掌摆至右胸前，掌心亦向前，目视右掌。（图 6－101）

2. 重心移至左脚，左腿屈膝；同时，两掌姿势不变，随重心左移翘腕向左回带平推，两掌心均向外，左掌高与肩平，右掌高与胸平，目视左掌。（图 6－102）

图 6－101

图 6－102

3. 重心仍在左脚，两掌继续向左回带平推，随之左臂内旋伸臂，左掌直腕，掌心向右；右掌亦直腕，掌心向左，目视左掌。（图 6－103）

图 6－103

4. 重心右移，右腿屈膝，左脚收于右脚内侧成左丁步；同时，右臂外旋回屈，肘臂高与肩平，右掌置于右肩前，虎口向下，掌心向外，指尖向左；左臂屈肘，左掌翘腕置于左腹前，肘尖贴于左腹角，虎口向上，指尖向左，目视左掌。（图 6－104）

5. 重心仍在右脚，左脚向左开步，脚尖向前，膝部伸直；同时，左掌直腕摆至右胸前，掌心向里，指尖向右；右臂稍沉肘，右掌稍向上画弧右伸，掌心斜向下，指尖向右，目视右掌。（图 6－105）

图 6－104

图 6－105

三十三、骑马单鞭

图 6 – 106

重心移到两脚之间，两腿略上抬；同时，右手成勾手置于身体右前方，右臂沉肘伸直，勾手顶端与肩同高；左手经面前向左移划于身体左前方，左臂自然伸直，左掌心向里，指尖向上；接着，两腿屈膝半蹲成马步，右勾手不变，左臂内旋，坐腕翘起，掌心内凹，斜向前方，高与眼平，目视左掌。（图 6 – 106）

三十四、韦驮献杵

1. 两臂稍内旋使两手变掌成掌心向下，指尖向外、向下按掌，至两膝外侧时，两掌转腕成掌心向上，由腹前向前、向上托起，掌与肩同高，两臂自然伸直，指尖向前；同时，重心右移，左脚跟抬悬，以脚尖点地，目视双掌。（图 6 – 107）

2. 左脚向右脚内侧并拢，两腿屈膝半蹲；同时，两臂内旋，两掌掌心相对，指尖向前，两掌指尖距离约 20 厘米，沿胸前下落与脐平，目视双掌。（图 6 – 108）

图 6 – 107

图 6 – 108

三十五、采气归元

两脚不动，伸膝直立；同时，两掌向左右下落，继续向上画弧抬臂上合掌于头顶上方，转掌成掌心向下，指尖相对，沿胸前下按至小腹前抱掌，左掌在里，右掌在外，调息片刻。（图 6－109）

三十六、收势

放下双掌垂于体侧，平心静息，放松身体，本功收势。（图 6－110）

图 6－109

图 6－110

【练习要领】

1. 心静体松，精力集中。保持心静体松，首先要把大脑静下来，然后放松全身，排除一切干扰因素，全神投入到练拳中去。

2. 虚领顶劲，尾闾中正。头正颈直，虚领顶劲。口唇自然闭合，下颌向里收，舌放平，动作要向何处，眼神先去，眼随手动，手到眼到。

3. 沉肩坠肘，坐腕舒指。肩要松沉平齐，不可一高一低；肘要松沉微屈。

4. 含胸拔背，气沉丹田。锁骨平准对齐，胸肌放松，称作“含胸”。背肌也要放松，背肌骨节微有上提之意，称作“拔背”。

5. 以腰为轴，上下相随。腰为主轴，带动四肢运动。腰腹肌转动，胸背肌亦随之转动，带动四肢的缠绕圆转。做到上下呼应，融为一体，内外、上下、左右、前后要协调一致。

6. 步法灵活，虚实分明。运劲如抽丝，迈步如猫行。运动时两腿要分清虚实，随着重心的转移，两足要交替支撑重心，以保持全身的平衡。

7. 势正招圆，连绵不断。势正是指动作端正，不散漫、不蜷缩、不歪斜。招圆是指动作圆满、舒展，不拘不僵。动作之间要求连绵不断，招招贯串，整套动作要一气呵成。

8. 以意导动，内外合一。运劲时，要求全神贯注，心静用意，使意识专注于指挥全身各部的协调和变化；内部与外形的开合虚实和旋转变换，务求做到“上下相随，内外合一”，动作合法，意到劲到。